Le transport en conteneur frigorifique:

"Maillon essentiel & incontournable de la chaîne du froid"

Auteur : Karim MEHIDI

Copyright © 2022 Karim Mehidi

Tous droits réservés.

ISBN : 9798358156500

Marque éditoriale : Independently published

SOMMAIRE

Introduction..P 6

TITRE I : La chaine du froid & ses différents maillons, en particulier le conteneur frigorifique..P11

<u>Chapitre I : La chaîne du froid</u> P12

I - Définitions & maîtrise de la chaine du froid......................................P13

A -Définitions...P13

B - Maîtrise de la chaîne du froid...P15

1 - Les règles d'A.Monvoisin..P15
2 - Froid et qualité des produits alimentaires P16

II - Les Ruptures de la chaîne du froid...P16

A- La connaissance au service du froid...P17

1 - Méconnaissance des conditions optimales de conservation des produits, en particulier pour les fruits et légumes..P17
2 - Hétérogénéité de la température du produit P18
3 - Conception et conditions de fonctionnement des équipements....................P18

B- Rupture de charge..P20

1- Etapes de transition (Chargement et déchargement).....................P20
2 - Ecart entre la température mesurée ou enregistrée (température d'air en général) et température réelle du produit P21

Chapitre II : Les différents maillons de la chaîne du froid en amont de la chaîne logistique..P22

I – A l'étape de la production, la transformation, l'entreposage et le transport...P22

A – Production..P22

1- Réfrigération par air..P23
2- Congélation et surgélation..P25
3- Réfrigération et congélation par immersion...P25
4- Autres procédés de réfrigérations...P26

B – Transformation...P27

C – Entreposage..P27

D- Le transport..P29

II – Le transport en conteneur frigorifique maillon essentiel et incontournable de la logistique du froid..P32

A – Les procédures...P32

1- Inspection avant-transport ou Pre Trip Inspection (PTI) du conteneur............P33
2- Pre-Cooling Cargo...P33
3- Packaging..P34
4 - Empotage et arrimage..P34
5- Pendant le trajet...P35
6 - Au moment de la livraison...P36

B - Les solutions techniques...P36

1 – Le principe de fonctionnement...P36

2 – Le contrôle de l'atmosphère..P37
3 -Des options pour chaque besoin..P38
4- Des conteneurs adaptés à l'intermodal..P41

C – Reefer et Environnement, un engagement durable.............................P42

1-Les Reefers basses consommations...P42
2-Les conteneurs Light Steel..P42

TITRE II : … vers un secteur du froid de plus en plus encadré par l'Union Européenne..P44

Chapitre I : Les règles & normes à respecter en matière de froid..........P45

I- Réglementations, normes et guides de bonnes pratiques....................P45

A-Certification des équipements et des installations................................P46

B-Guides de bonnes pratiques...P46

C-Formation des différents opérateurs..P47

D-Démarches HACCP..P47

II – Traçabilité du froid...P48

A-Définition...P48

B-Appareils de mesure..P48

1-Thermomètres..P48
2-Enregistreurs de température P50
3-Indicateurs de température P51

4- Intégrateurs de température..P51

C-Utilisation du matériel..P53

1-Traçabilité indirecte par mesure de la température de l'air dans les enceintes P53
2- Traçabilité par contact P54
3- Traçabilité au cœur du produit...P54
4- Utilisation des indicateurs et des intégrateurs de température P54

Chapitre II : Liens entre microbiologie et chaîne du froid P56

I – Evaluation des dangers & microbiologie prévisionnelle....................P56

A-Réglementation & analyse des risques...P56

B-Chaîne du froid & dangers microbiologiques.......................................P58

II- La microbiologie prévisionnelle...P59

A- Les limites à l'usage de la microbiologie prévisionnelle....................P60

B-Evaluation de ses dangers sur la chaîne du froid.................................P61

INTRODUCTION

Dans les pays industrialisés, on peut considérer que 45 % des aliments consommés sont vendus sous régime de froid. En France, par exemple, on consomme plus de 350 kg d'aliments réfrigérés ou surgelés par habitant et par an, soit, en valeur, près de 1 000 euros.

Une **parfaite maîtrise de la chaîne du froid** est nécessaire à toutes les étapes, afin de répondre aux exigences du consommateur en matière de **qualité et d'hygiène des aliments.**

Cette bonne maîtrise de la chaîne du froid peut avoir, par ailleurs, des retombées importantes pour les producteurs, les transporteurs et les distributeurs en matière :

- d'économies d'énergie et de protection de l'environnement ;
- de réduction des pertes dues à la destruction de produits ayant subi des ruptures de la chaîne du froid ;
- d'optimisation des investissements en équipements frigorifiques.

Pour assurer l'hygiène et la maîtrise de la température des aliments, les dispositifs mis en place en Europe, et plus particulièrement en France, s'appuient sur des textes réglementaires et des activités de contrôle officiel, ainsi que sur des systèmes volontaires de normes et de certification. **L'objectif de cette thèse est de replacer au sein de son contexte et d'analyser le transport en conteneur frigorifique en tant que maillon essentiel et incontournable de la chaîne logistique du froid.** Elle présente les relations entre qualité des aliments et températures qui dépendent de leur moyen de conservation , analyse à travers principalement le transport en conteneur frigorifique les causes des ruptures de la chaîne du froid, les conclusions à en tirer pour conduire l'analyse des risques et mettre en place des démarches des maîtrises des risques dans un environnement européen et international de plus en plus réglementé.

Il y a moins de 70 ans, les gens dans le monde développaient à mangé des aliments frais, disponible en saison, et cultivés autour des 150 km de là où ils vivaient. Au-delà, ils mangeaient des aliments séchés ou en conserve.

L'avènement du transport frigorifique a ouvert une ère nouvelle. Aujourd'hui, les gens dans les pays développés du monde entier veulent manger des produits frais toute l'année.

La première unité de conteneurs frigorifiques a été construite en 1956, et tous justes 18 ans après la première unité de réfrigération de camion. Cette nouvelle industrie a changé le monde. Parallèlement, les grandes surfaces et la restauration ont également ouvert d'infinies possibilités pour le transport de produits frais et surgelés à travers le monde.

L'introduction du trafic de conteneurs frigorifiques en 1956 signifia le début de la disponibilité facile de tout type de produits périssables, partout dans le monde, à toute époque, nous permettant d'acheter les avocats, les kiwis, les fruits de la passion ou de n'importe quel mois de l'année.

Dans l'intervalle, la technologie a été affinée. On peut trouver aujourd'hui des bateaux transportant + de 10000 EVP (Equivalant 20'), et des navires à la construction de plus en plus gros sont en cours. Ces navires peuvent aller jusqu'à 1500 prises frigorifiques pour des produits périssables. Aujourd'hui l'ensemble des conteneurs frigorifiques transportent plus de la moitié des produits périssables dans le monde (le reste voyagent dans des navires frigorifiques, soit en vrac ou par voie aérienne).

Les progrès de la technologie garantissent la qualité de la cargaison, et la durée de nos conservations des produits livrés par conteneur frigorifique est étonnante de nos jours. Le bon contrôle de la température, de l'humidité, le contrôle de l'atmosphère, tout concourt à fournir des produits livrés au supermarché qui est presque aussi frais qu'au moment où ils furent récoltés.

De nombreuses marchandises voyagent entre 4-6 semaines, et la technologie disponible aujourd'hui garantit tout au long du voyage des températures ne s'écartant pas plus de 0.2° Celsius du point de contrôle.

La capacité d'augmenter ou de baisser l'humidité, associée à la capacité de réduire le taux d'oxygène, et augmenter le niveau de CO2 permet le ralentissement de la respiration de la cargaison, la plongeant ainsi dans un sommeil pendant la durée du voyage.

Le fait que la cargaison est transportée dans un conteneur autonome signifie que ce milieu existe depuis l'usine de conditionnement à l'entrepôt final.

Tous les conteneurs frigorifiques fonctionnent par une norme ISO, ce qui signifie que l'équipement doit travailler sur des tensions allant de 360V à 500V et de 48.75Hz à 61.5Hz. Malheureusement, même cette large gamme de puissance n'est pas respectée partout dans le monde et ce type de matériel est encore prévu rester en exploitation. Toutefois, plusieurs fabricants ont maîtrisé cette technologie.

Vient ensuite l'environnement extérieur. Un voyage dans l'hémisphère sud au nord, hémisphère désigne le mouvement d'une cargaison de l'hiver à l'été, ou vice versa. Par conséquent, l'équipement doit empêcher le refroidissement de la cargaison pour une partie du voyage, et le réchauffement pendant une autre partie du voyage.

Ensuite, une marchandise peut avoir besoin de respirer et donc de ventilation d'air extérieur. Cet air peut être très humide ou très sec, et il est important que cette ventilation ne porte pas atteinte à l'humidité dans l'espace de la cargaison.

Enfin, la température de cet air pourra également varier énormément, et plusieurs brevets sont utilisés pour assurer un air plus chaud (ou plus froid) de la cargaison correctement, mais sans faire grief à sa température.

Lorsque tous ces critères de performance ont été atteints, avec un succès variable, l'équipement doit être extrêmement fiable. La fiabilité peut être plus facile si l'équipement n'est pas mis en ponté (sur le pont du navire) pour une grande partie de sa vie: mais il devra faire face à un environnement très dur tels que les intempéries de la nature (tempêtes, vagues...).Mais, ces machines sont remarquablement fiables.

Le trou d'ozone a été constaté en 1987, conduisant à l'élimination progressive des gaz à effets de serres. Cela signifiait passer de R12 et R502 à R134a et R404A pour les unités de réfrigération, et les changements technologiques similaires dans la mousse isolante dans les unités et les boîtes. Au début des années 1990, cela avait commencé pour de bon. Les caisses isothermes sur lesquels les unités s'intègrent ont d'abord été réalisées en Amérique du Nord et en Europe.
L'environnement, les économies, le coût élevé du carburant associé au Protocole de Kyoto font pression sur les utilisateurs pour réduire la consommation d'énergie. Les conteneurs frigorifiques « Reefers » d'aujourd'hui sont beaucoup plus efficace qu'auparavant.

En effet, la dernière technologie utilise moins de 50 % d'équipements de taille similaire d'à peine quelques années plus tôt. Comme les prix du pétrole continuent à monter en flèche, la facture énergétique de la consommation quotidienne est désormais du même ordre de grandeur que le taux de location quotidienne sur un « reefer » !

Donc, le choix du matériel, et l'âge, deviennent des questions importantes.
Des unités frigorifiques Marine ont commencé leur vie avec un mouvement alternatif de la technologie. Cela a été le pilier de la l'industrie jusqu'au début des années 1990, lorsque les compresseurs Scroll sont d'abord apparu. Cette industrie est remarquablement conservatrice, et il a fallu plusieurs années avant de se répandre. Aujourd'hui,
l'industrie toute entière a réalisé les avantages d'avoir un poids plus faible pour le matériel (unité et caisse) et l'amélioration de l'efficacité énergétique.
Au fil des années, les marchandises ont été transportées avec des températures de plus en plus basses. Ceci est dû aux nouvelles sciences telles que les avantages prouvés de l'Oméga 3 huiles de poisson, et aux effets supérieurs de préservation de température inférieure pour certains produits riches en matières grasses poissons et crustacés.

Aujourd'hui, le « reefer » est capable de transporter des cargaisons aussi basses que -35°C. Comme mentionné précédemment, l'atmosphère a un effet important sur les cargaisons en termes de respiration. Plusieurs projets de recherche dans des instituts, aux USA (UC Davis), Pays-Bas (ATO), Royaume-Uni, et ailleurs, ont été mené sur la physiologie post-récolte. Maintenant, les conditions optimales de conservation et de transport de nombreuses plantes sont bien comprises.

Les effets de la temporisation dans la récolte période (avant ou après), les variétés de plantes différentes, types de sols, et une myriade d'autres variables peuvent désormais être pris en compte avec un certain degré de certitude pour prédire un bon résultat.

La pression pour le changement n'est pas terminée. D'autres pressions environnementales, et commerciales : tel que le Basse-cycle de vie des coûts, la réduction du poids, de meilleures performances, une plus petite empreinte sur l'environnement, amèneront à **l'évolution continue du conteneur frigorifique**.

TITRE I

LA CHAINE DU FROID & SES DIFFERENTS MAILLONS, EN PARTICULIER LE CONTENEUR FRIGORIFIQUE...

CHAPITRE I

La chaîne du froid

L'Intérêt du froid comme moyen de conservation ?

Les techniques de conservation des aliments, autorisant l'éloignement entre les lieux de production et les lieux de consommation, ont permis et accompagné le développement de la civilisation et de la vie citadine. Elles ont constitué la base du secteur des industries agroalimentaires, qui est aujourd'hui le premier secteur industriel d'un pays.

À la différence des méthodes destructives qui modifient profondément les caractéristiques de l'aliment, comme la déshydratation, le salage, la coagulation et la cuisson, ou encore les méthodes plus récentes comme la pasteurisation et la stérilisation, **le froid constitue la première technique de conservation des aliments qui préserve les qualités originelles de la denrée.**

En effet, au sein de la plupart des denrées alimentaires se manifestent des phénomènes biologiques ou biochimiques : respiration, réactions biochimiques catalysées par les enzymes comme les réactions d'oxydation, de protéolyse ou de lipolyse. Elles constituent un substrat pour la croissance des micro-organismes.

Ces phénomènes dépendent de la température. Les réactions biochimiques obéissent aux lois de Van't Hoff[1]

Le froid ayant pour effet de ralentir ces phénomènes, il permet de préserver les caractéristiques organoleptiques et nutritionnelles des denrées.

C'est pourquoi la part des aliments traités puis commercialisés sous régime froid augmente d'année en année. En France, chaque consommateur achète en moyenne chaque année 320 kg d'aliments réfrigérés, 30 kg d'aliments surgelés et 6 L de glaces et crèmes glacées.

I - Définitions & maîtrise de la chaine du froid

A- *Définitions*

Le lecteur est invité à se reporter au tableau ci-dessous, pour avoir les références exactes des principales réglementations françaises, communautaires et internationales dans le domaine de la chaîne du froid.

Codex alimentarius/FAO-OMS	OMC
– Critères d'homologation de pesticides	– Accord sur les mesures sanitaires et phytosanitaires (SPS)
– Certification des produits	– Accord sur les droits de propriété intellectuelle (TRIPS) : indications d'origine, brevets
– HACCP (Hazard Analysis and Control of Critical Points), bonnes pratiques	
– Étiquetage	– Accord sur les obstacles techniques au commerce (TBT) : étiquetage, dénominations

---

[1] **Jacobus Henricus van't Hoff** (30 Août 1852 – 1er mars 1911) était un physicien et chimiste néerlandais. Il reçut le premier prix Nobel de chimie. Ses principaux travaux de recherche ont concerné la cinétique chimique, les équilibres chimiques, la pression osmotique et la stéréochimie. IL a contribué à la création de la chimie physique telle que nous la connaissons aujourd'hui.

– Additifs alimentaires	
– Évaluation de risques	
– Nouveaux aliments	
– Allergies alimentaires	

La réglementation (arrêté « distribution » du 9 mai 1995) précise que « *les matières premières, ingrédients et produits intermédiaires, et les produits finis jusqu'à leur présentation au consommateur doivent être conservés à des températures limitant leur altération et, plus particulièrement, le développement de micro-organismes pathogènes ou la formation de toxines à des niveaux susceptibles d'entraîner un risque pour le consommateur* ».

La chaîne du froid, comme cela a déjà été mentionné, concerne deux grandes catégories de produits périssables : les **produits réfrigérés** et les **produits surgelés**. Même si les principes à appliquer pour la maîtrise de la chaîne du froid sont identiques, les aspects, aussi bien pratiques que réglementaires, distinguent ces deux types de produits.

- Pour ce qui est des **produits réfrigérés**, les règles concernant les températures sont intégrées dans les textes relatifs à l'hygiène des aliments. Alors que, dans la réglementation antérieure à 1995, les seules denrées concernées explicitement étaient les produits animaux ou d'origine animale, les arrêtés récents (arrêté « distribution » du 9 mai 1995 et arrêté « transport » du 20 juillet 1998) concernent tous les aliments périssables dont l'absence de maîtrise de la température pendant une courte période peut présenter un risque microbien pour le consommateur, y compris les denrées végétales cuites, les végétaux crus prédécoupés, les jus de fruits et de légumes de pH supérieur à 4,5.

- En ce qui concerne les **aliments surgelés**, ils sont définis dans la directive européenne 89/108/CEE comme « *les denrées alimentaires qui ont été soumises à un processus approprié de congélation dit « de surgélation », permettant de franchir aussi rapidement que nécessaire, en fonction de la nature du produit, la zone de cristallisation maximale ayant pour effet que la température du produit dans tous ses points – après stabilisation thermique – est maintenue sans interruption à des valeurs égales ou inférieures à – 18 C et qui sont commercialisées de manière à indiquer qu'elles possèdent ces caractéristiques* ».

La surveillance et le contrôle des températures pour les produits surgelés sont définis dans les directives 92/1/CEE et 92/2/CEE (cf. Annexe 1).

B - *Maîtrise de la chaîne du froid*

1 - Les règles d'A.Monvoisin[2]

Les premières règles à respecter pour la maîtrise de la qualité des produits réfrigérés ont été établies par A. Monvoisin. Elles sont résumées dans la formule synthétique dite du *trépied frigorifique* :

- produit sain ;
- froid précoce, appliqué le plus tôt possible après la cueillette ou la récolte des produits végétaux, la pêche, l'abattage des animaux ou la traite du bétail ;
- froid continu, ou maintien du produit à la même température pendant toute la durée de son cycle commercial, de la production à la consommation, en limitant au minimum les fluctuations de température.

---

[2] Alexandre Monvoisin (1878-1953). Médecin vétérinaire français. Physico-chimie du lait | applications industrielles et alimentaires du froid | agronomie | tétanos, etc.

Les règles de Monvoisin sont aussi applicables aux denrées congelées et surgelées.

2 - Froid et qualité des produits alimentaires

Les enjeux d'une bonne maîtrise de la chaîne du froid concernent non seulement la sécurité des aliments et la santé des consommateurs, mais également l'efficacité du secteur économique de la production et de la distribution alimentaire, et la protection de l'environnement.

Les caractéristiques des produits évoluent au cours des procédés de refroidissement et des étapes de la chaîne du froid, sous l'influence des conditions d'ambiance, principalement la température et l'humidité, par le biais des transferts de chaleur et de matière entre les fluides vecteurs et les produits.

Les transferts de chaleur sont en général couplés avec des transferts de matière (par exemple la perte d'eau par évaporation), et avec les écoulements du fluide frigoporteur (l'air en général) autour du produit. La qualité finale des produits dépend donc de la bonne maîtrise de ces écoulements et transferts, selon le schéma simplifié de la figure 1.

II - Les Ruptures de la chaîne du froid

Il résulte du schéma de la **figure 1** que le terme de « **rupture de la chaîne du froid** » recouvre des réalités très diverses dont le point commun est que le produit ne répond plus aux attentes du client, que ce soit du point de vue de l'hygiène (contamination microbiologique), de la durée de conservation ou de ses caractéristiques organoleptiques (couleur, apparence, goût, etc.).

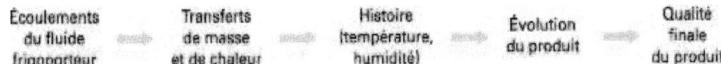

Figure 1 - Écoulements et transferts dans la chaîne du froid

Une conséquence est que le produit devient impropre à la consommation, du fait de l'historique des conditions d'ambiance auxquelles il a été soumis.

Les causes qui peuvent conduire à ces types de situations sont multiples mais peuvent être recherchées dans deux directions.

A- *La connaissance au service du froid*

1 - Méconnaissance des conditions optimales de conservation des produits, en particulier pour les fruits et légumes

Les produits alimentaires évoluent au cours du temps, en fonction de la température mais aussi des conditions d'ambiance (humidité, éclairage, composition gazeuse). La température optimale de conservation et de transport peut être différente pour différents types de produits (Cf. Annexe 2 : Guide de conservation). Des températures trop basses pour certains produits peuvent conduire à des dégradations.

Exemple :

Les bananes doivent être conservées entre 12 et 15,5 C, les avocats entre 5 et 12 C (Cf. Annexe 3 : Art. Le Monde 8/12/2008: « De la Martinique à l'Essonne, itinéraire d'une banane »).

En revanche, des températures trop élevées écourtent la durée de vie de nombreuses denrées.

Exemple :

La durée de conservation de la poire Packmans est de 8 mois à – 1 C et seulement de 4 mois à 0 C.

Pour les produits surgelés, il a été mis en évidence que les variations de température provoquent, au-delà des pertes en eau, des phénomènes de fusion des cristaux de glace et de recristallisation qui conduisent à une augmentation de la taille des cristaux, voire à une migration des solutés, qui ont des conséquences sur la texture du produit et ses qualités organoleptiques.

2 - Hétérogénéité de la température du produit

Les produits sont généralement emballés en cartons et palettes pour l'entreposage et le transport. Ces emballages s'opposent à la circulation du fluide de refroidissement, l'air dans ce cas, qui circule selon des écoulements privilégiés. Les transferts thermiques qui en résultent conduisent à une hétérogénéité des températures et, par conséquent, des caractéristiques de qualité des produits, notamment ceux qui connaissent une fermentation ou une maturation.

Des sources de chaleur localisées peuvent accentuer ces hétérogénéités : dégagement de chaleur dû à la respiration des fruits et légumes ou à la fermentation des produits (fromages, etc.), exposition au rayonnement (éclairage, parois chaudes), ouvertures de portes ou encore contact ponctuel avec des parois chaudes. Ces sources de chaleur provoquent des remontées locales de température lorsque la chaleur n'est pas correctement évacuée par le fluide de refroidissement.

Des méthodes ont été utilisées dans l'industrie pour caractériser la variabilité des traitements thermiques et préconiser, d'une part, des adaptations des pratiques avec des équipements existants, et, d'autre part, des critères pour la conception de nouvelles installations.

3 - Conception et conditions de fonctionnement des équipements

Plusieurs aspects relatifs aux équipements peuvent avoir des conséquences directes sur la maîtrise de la température du produit : la conception, la surveillance, la maintenance, les réglages et le pilotage.

- Les **équipements sont en général conçus** pour délivrer des puissances frigorifiques calculées globalement, mais pas toujours pour les délivrer de façon homogène et adaptée aux besoins spécifiques en tout point du produit : il peut y avoir des zones de réchauffement aux endroits où l'air circule mal ou sur le trajet de courants d'air extérieur entrant. Les caractéristiques des équipements sont à connaître précisément en fonction de leur utilisation. Ainsi, les équipements prévus pour maintenir les produits en température (véhicules à température dirigée, meubles frigorifiques de vente) ne peuvent être considérés comme des équipements destinés à refroidir les produits qui seraient à une température trop élevée avant le chargement.

- La **maintenance** des équipements, les réglages, la programmation des dégivrages, l'installation d'alarmes, s'imposent progressivement et constituent des moyens de réduire les pannes et dysfonctionnements et représentent des investissements indispensables pour réduire les pertes de produits.

L'analyse d'une installation frigorifique comprend donc l'examen des points suivants :

- l'existence d'enregistrements des températures ;
- L'existence d'alarme en cas de remontée de la température et le contrôle de la température de consigne fixée pour le déclenchement de l'alarme ;
- Les dispositions prises en cas d'alarme : délai nécessaire pour réparer l'installation et pour ramener la température à un niveau satisfaisant, etc. ;
- Les plans de maintenance préventive pour éviter les pannes ;
- Les solutions de secours en cas de coupure d'électricité ou de panne de carburant.

Le givrage des évaporateurs conduit à une perte de leur efficacité, et leur dégivrage à une remontée en température de l'ambiance et des produits. De ce fait, la programmation des dégivrages est une caractéristique importante pour l'efficacité de l'installation dans son ensemble.

- La **gestion technique** d'installations frigorifiques importantes, telles que les plates-formes de distribution ou les installations frigorifiques de supermarchés, est souvent confiée par l'opérateur à l'installateur ou à des sociétés spécialisées. Des cahiers des charges bien conçus peuvent, dans ce cas, conduire à un meilleur fonctionnement global de l'installation.

- Pour certains produits alimentaires évoluant sensiblement au cours du temps, en fonction de la température mais aussi des conditions d'ambiance (humidité, éclairage, composition gazeuse), il est nécessaire de « **piloter** » l'évolution du produit en adaptant, à chaque instant, les conditions d'ambiance comme la température, l'humidité, la vitesse d'air ou la composition gazeuse. Il peut s'agir, par exemple, de limiter la perte en eau des fruits au cours du stockage ou de contrôler la teneur en éthylène, qui catalyse les phénomènes de mûrissement, afin de suivre les évolutions de la demande du marché. Des algorithmes de pilotage, s'appuyant sur des connaissances fines du comportement du produit obtenues en laboratoire, permettent de faire suivre au produit des trajectoires temps-température meilleures que les consignes fixes traditionnelles, ou de respecter des contraintes comme la diminution de la consommation énergétique.

B- *Rupture de charge*

1- Etapes de transition (Chargement et déchargement)

La réglementation prévoit des tolérances pour des remontées en température ponctuelles limitées dans le temps lors d'étapes de transition comme le chargement et le déchargement. Pour les surgelés, l'amplitude maximale autorisée est de 3 C au-dessus de – 18 C.

Les opérateurs d'entrepôts frigorifiques et de plates-formes, pour limiter les remontées de température, ont multiplié les dispositifs tels que les quais de chargement et de déchargement climatisés, les portes à fermeture rapide ou les dispositifs mécanisés pour le chargement et le déchargement rapide des véhicules.

Certains opérateurs ont opté pour des équipements permettant le franchissement des interfaces en limitant la remontée de température des produits tels que des housses isolantes ou des petits conteneurs isothermes.

2 - Ecart entre la température mesurée ou enregistrée (température d'air en général) et température réelle du produit

La température mesurée ou enregistrée est en général une température d'air à la reprise. Elle donne une indication de la température la plus élevée de l'air, mais ne peut rendre compte de la dispersion des températures des produits à l'intérieur de l'équipement considéré, meuble de vente, véhicule frigorifique (conteneur frigorifique...) ou chambre froide.

Il est alors utile de prévoir les effets des variations des conditions d'ambiance sur la température des produits. C'est ce que permettent l'étude des transferts thermiques et les outils numériques modernes de mécanique des fluides : en modélisant des situations réelles élémentaires, il est possible de simuler numériquement les transferts thermiques et de prévoir les variations de la température en tout point du produit. De tels outils sont utilisés pour connaître les élévations maximales de température prévisibles dans des schémas logistiques définis, et pour préciser les conditions d'utilisation des équipements (par exemple, la durée de conservation maximale de produits surgelés dans une glacière refroidie par des plaques eutectiques ou la durée maximale de transport de produits périssables protégés par une housse isolée en véhicule non réfrigéré).

Chapitre II
Les différents maillons de la chaîne du froid en amont de la chaîne logistique

Nous allons ici analyser les caractéristiques des différentes étapes en amont de la chaîne logistique du froid et ainsi mieux comprendre le rôle essentiel et incontournable du transport en conteneur frigorifique replacé dans ce contexte.

I – A l'étape de la production, la transformation, l'entreposage et le transport

A – Production

Les techniques de refroidissement visent à abaisser la température le plus rapidement possible afin de limiter au minimum la prolifération des micro-organismes. La qualité du produit final dépend, en général, à la fois des caractéristiques du produit et du type de refroidissement, les relations entre les différents paramètres pouvant être complexes.

Les procédés de réfrigération et de congélation se distinguent selon le médium de refroidissement utilisé pour évacuer la chaleur : air, eau (Cf. schéma 2) ou solution aqueuse, fluide cryogénique ou contact avec une surface solide refroidie.

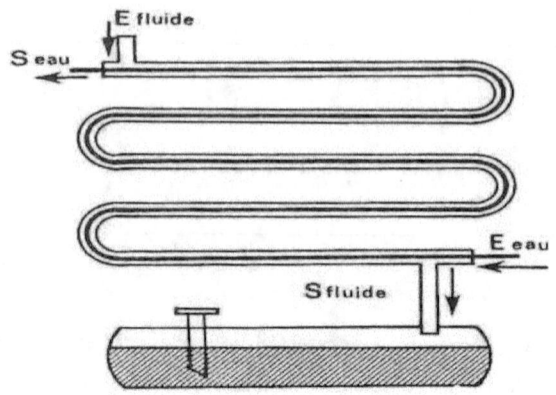

<u>Schéma 2</u>

L'installation qui utilise ce condenseur fonctionne avec du R404A.

Point E Fluide : les vapeurs de R404A surchauffées entrent dans le condenseur, la pression est de 17 bars.

Ensuite les vapeurs se désurchauffent pour atteindre la température de condensation ; la molécule de R404A liquide apparaît, la température du R404A est désormais de 39°C. C'est le début de la condensation.

Au point E, c'est le changement d'état (condensation). La température du R404A reste constante et égale à 39°C. Il y a de moins en moins de vapeurs saturées et de plus en plus de liquide. La dernière molécule de vapeur s'est condensée, il ne reste que du liquide de fluide frigorigène et la température est de 39°C. C'est la fin de la condensation.

Entre E et S : grâce à l'air qui circule sur le condenseur on sous refroidie légèrement le liquide, la température baisse progressivement.

1- Réfrigération par air

L'air, bien qu'il constitue un piètre frigoporteur en termes de capacité calorifique (1 kJ/ (kg · K)) et de coefficient de transfert de chaleur (moins de 50 W/ (m^2 · K) en tunnel à air pulsé), reste le fluide de refroidissement le plus utilisé, car il est disponible sans limite et ne nécessite pas de traitement spécial avant rejet dans l'atmosphère.

Quelques exemples :

- Après abattage, les **carcasses de viande** sont introduites dans des chambres de ressuyage pour les refroidir à 7 C à cœur. Toutefois, pour des viandes comme le bœuf, la réfrigération conduit à une contracture des muscles si la température est amenée au-dessous de 12 C avant l'instauration de la *rigor mortis*[3]. Des techniques comme la stimulation électrique peuvent limiter la contraction des muscles au froid. L'action concertée européenne CT94-1881 a permis d'identifier la plupart des paramètres qui déterminent les caractéristiques de qualité de la viande réfrigérée rapidement.

- Les **fruits** sont introduits dans des chambres froides de stations fruitières qui servent à la fois à la réfrigération et à la conservation. La moitié des chambres utilise aujourd'hui en France l'atmosphère contrôlée comme complément du froid pour améliorer la conservation.

- Les **légumes** les plus fragiles sont pré réfrigérés dans les centres de collecte et de conditionnement. Des techniques comme le froid humide sont de plus en plus utilisées pour les choux-fleurs, les artichauts, les endives et bon nombre de légumes.

    Lors de la réfrigération, une partie de l'eau du produit s'évapore en général. Cette évaporation, du fait de la chaleur latente de vaporisation de l'eau, a un effet accélérateur sur l'abaissement de la température. Toutefois, elle conduit à des pertes en eau qui peuvent atteindre 2 à 3 % de la masse du produit.

---

[3] Avec la fin de la phase dite "pantelante" (les 3 premières heures après abattage), la rigidité cadavérique s'installe progressivement. Elle se caractérise par des tissus musculaires plus durs, inextensibles et des axes osseux plus difficiles à déplacer chez l'animal.

Des techniques nouvelles comme le froid choc ou la brumisation permettent de réduire les pertes en eau. La **brumisation** apporte des gouttelettes d'eau qui se déposent en surface du produit et s'évaporent en produisant une intensification des transferts thermiques et en limitant l'évaporation de l'eau propre du produit.

2- Congélation et surgélation

La congélation conduit à solidifier l'eau du produit sous forme de glace. L'arrêt de tout développement de micro-organismes et le net ralentissement des évolutions biochimiques au-dessous de – 18 C permettent des durées de conservation des produits surgelés de plusieurs mois à plus d'un an.

Le changement de phase de l'eau du produit nécessite d'évacuer des quantités de chaleur importantes. La chaleur latente de fusion varie de 100 kJ/kg pour des produits gras (fromages gras, saindoux) à 300 kJ/kg pour des produits à forte teneur en eau tels que certains légumes.

Il est généralement admis que la qualité du produit dépend de la rapidité avec laquelle l'eau contenue dans le produit est cristallisée et la température du produit abaissée en tout en point au-dessous de – 18 C. C'est pourquoi seuls les produits qui respectent ces critères peuvent utiliser la mention « surgelés » (dont la définition est indiquée au Chap. I.A).

3- Réfrigération et congélation par immersion

L'eau ou les solutions aqueuses présentent des caractéristiques très intéressantes du point de vue de la rapidité de traitement, avec des coefficients de transfert, 10 à 50 fois plus élevés que celui de l'air, pouvant atteindre 900 W/ (m$^2 \cdot$ K).

Cette famille de procédés reste limitée à quelques applications particulières car, d'une part, les transferts de chaleur sont couplés à des transferts de matière encore peu maîtrisés jusqu'ici, et, d'autre part, les technologies de traitement des solutions restent à développer.

La réfrigération par eau (*hydrocooling*) est utilisée pour le refroidissement de certains fruits et légumes lorsque la rapidité est recherchée ainsi que l'absence de perte de poids.

La réfrigération par immersion est pratiquée sur les bateaux de pêche, en utilisant de l'eau de mer réfrigérée par une machine frigorifique, ou, de façon plus rustique, de l'eau de mer refroidie par de la glace en écaille embarquée.

L'immersion dans l'eau pour réfrigérer des volailles destinées à être congelées est une technique généralement acceptée par les services vétérinaires. Le gain en poids des produits réfrigérés est limité strictement dans la communauté européenne. En revanche, certains pays importateurs tolèrent des gains en poids pouvant aller jusqu'à 15 %.

Différents types de solutions ont été étudiés, comme des solutions salines (chlorure de sodium, chlorure de calcium, sulfate de magnésium) ou encore des mélanges eau-alcool (éthanol, glycérol, sorbitol).

Certains pays vont jusqu'à préconiser l'immersion comme moyen d'assainissement des produits. Toutefois, la limite à cette approche peut se trouver dans l'acceptation par le consommateur des produits désinfectants utilisés, notamment dans des pays comme la France qui ont fait des efforts importants pour maîtriser l'hygiène de produits en amont de l'abattage, dès l'élevage.

Des champs d'applications possibles prometteurs s'ouvrent pour ces technologies, en matière de rapidité de traitement et de formulation de produits.

4- Autres procédés de réfrigérations

Il existe bien d'autres procédés de réfrigération. Nous citerons deux exemples.

Le lait est refroidi immédiatement après la traite par **contact**, dans des refroidisseurs de lait en vrac qui doivent abaisser la température au-dessous de 4 C en moins de 3 h 30 min.

La glace en écaille est utilisée pour réfrigérer les poissons, après leur capture et leur lavage, pour abaisser et maintenir la température au-dessous de 2 C.

B – Transformation

Traiter de l'utilisation du froid dans les procédés de transformation des produits ne sera pas abordé dans cet article, les applications étant très nombreuses et diversifiées. Il y a lieu de mentionner, cependant, le développement des salles microbiologiquement maîtrisées, ou salles blanches, dans lesquelles les protections visent à éviter toute contamination microbienne par l'air ambiant. Les paramètres à maîtriser sont non seulement la température, mais également l'humidité relative, la vitesse et l'orientation des écoulements d'air, la pression, le nombre de particules en suspension ainsi que la composition gazeuse.

C – Entreposage

L'entreposage frigorifique prend différentes formes :

- stockage dans les centres de production ;
- stockage dans les entrepôts frigorifiques (publics ou privés) ;
- stockage chez les grossistes et dans les plates-formes de distribution ;
- stockage au stade final chez les distributeurs (grand et petit commerce), les artisans préparateurs ou les collectivités.

La fonction générale de l'entrepôt frigorifique est de maintenir la température des produits qui y sont livrés à une valeur égale ou inférieure à la température réglementaire ou prescrite par le fabricant.

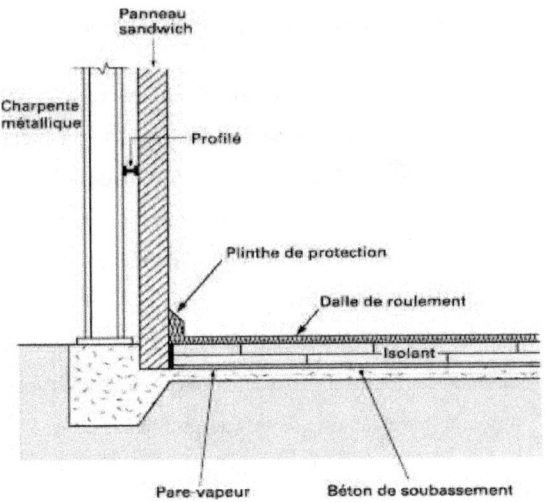

Figure 3 - Schéma de principe de l'isolation d'une chambre froide à température positive avec des panneaux sandwichs soutenus par une charpente métallique

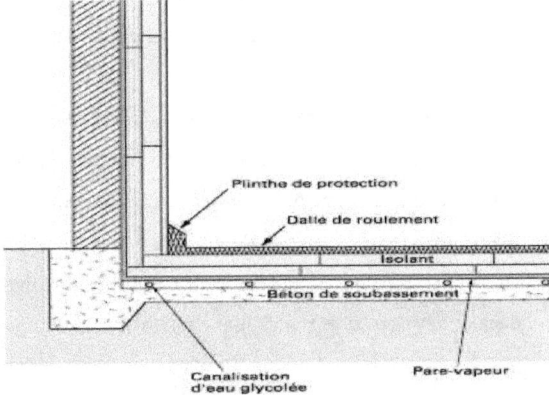

Figure 4 - Schéma de principe de l'isolation d'une chambre traditionnelle à température négative, avec chauffage du sol par canalisation d'eau glycolée

Les éléments essentiels pour une bonne maîtrise de la chaîne du froid sont :

- une conception de l'installation frigorifique tenant compte de l'ensemble des postes du bilan thermique. On attachera une importance particulière aux effets pervers liés aux entrées d'air chaud et humide lors des ouvertures de portes, au givrage des échangeurs et au vieillissement des installations (isolation et production du froid). L'approche par le calcul de ces différents postes du bilan est imprécise ;
- une isolation construite selon les règles de l'art, sans ponts thermiques, en prenant toutes mesures pour empêcher l'introduction de vapeur d'eau dans l'isolant (pare-vapeur, joints, figures 3 et 4) ;
- une exploitation rigoureuse de l'entrepôt ; en particulier, on veillera à :
- la bonne disposition des palettes qui est fondamentale de façon à obtenir une circulation rationnelle de l'air en tous points de l'entrepôt sans courts-circuits et sans obturations,
- la maintenance préventive de l'installation frigorifique. La gestion informatisée des paramètres essentiels y aide. La tendance, aujourd'hui, est de confier la maintenance à des sociétés de service spécialisées, notamment dans les PME qui n'ont pas de frigoriste,
- l'utilisation de thermomètres et d'enregistreurs de température qui permettent de suivre la température de l'air en différents points de l'entrepôt afin de contrôler le bon fonctionnement de l'installation frigorifique. De plus, les relevés délivrés par les enregistreurs peuvent être archivés sous forme papier ou électronique. Ces archives permettent de déceler des dérives et d'anticiper des dysfonctionnements.

D- Transport

Entre leur production et leur distribution, les mêmes produits sont en général transportés plusieurs fois (à l'état brut, sous forme de produits semi-finis, puis de produits finis), dans un premier temps, en palettes homogènes, puis, après la plate-forme où s'opère la préparation des commandes, sous forme de palettes hétérogènes livrées ensuite au commerce de détail ou à la grande distribution.

On assiste depuis quelques années à une transformation de la chaîne logistique du froid où les plates-formes « distributeurs » se substituent progressivement aux entrepôts et dépôts régionaux traditionnels (schéma 5).

On distingue :

- le transport longue distance, en véhicule à température dirigée fermé, généralement équipé d'un groupe frigorifique à compression de vapeur mû par un moteur Diesel fonctionnant de façon autonome ;
- le transport local et les tournées de distribution, dont la caractéristique est qu'il peut y avoir des ouvertures de portes fréquentes pour livrer les produits aux différents clients. Les équipements utilisés peuvent être de plusieurs types : groupe frigorifique autonome ou mû par le moteur du véhicule, véhicules à plaques eutectiques, à azote liquide ou à neige carbonique. Pour des transports très courts et pour des quantités limitées, l'utilisation de petits conteneurs se développe. Ces conteneurs peuvent être des « *Rolls* » équipés d'un dispositif de refroidissement (neige carbonique, système à absorption, plaques eutectiques) ou simplement isolés, comme des glacières.

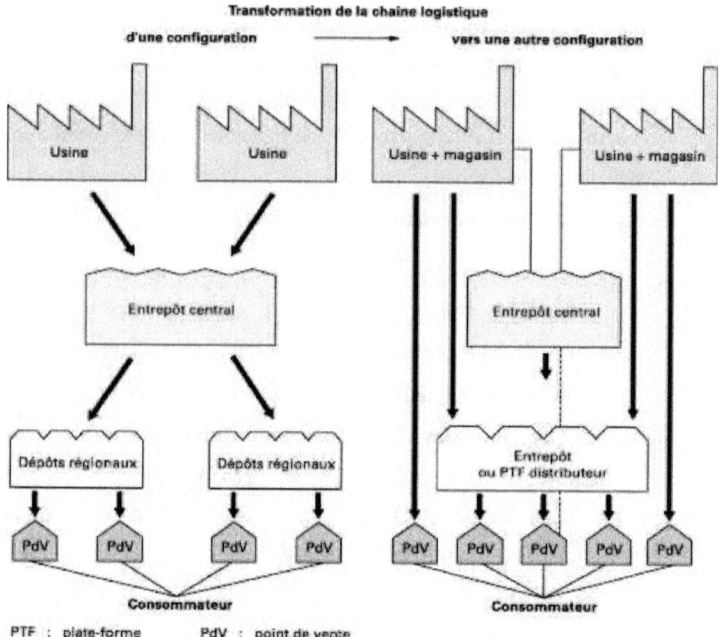

Figure 5 – schéma Chaîne du froid. Le cheminement et les acteurs

Le transport des denrées périssables fait l'objet d'un accord international destiné à faciliter le passage aux frontières des produits à durée de vie limitée : l'Accord relatif aux transports internationaux de denrées périssables dit « **accord ATP** ». Ainsi, l'ATP définit des classes d'équipements en fonction de leurs performances : capacité isolante de la caisse et puissance du dispositif thermique.

Les équipements sont agréés par les autorités compétentes de chaque pays sur la base d'essais en laboratoires. Les durées d'agrément ont été fixées en tenant compte du vieillissement des équipements.

Dans les véhicules frigorifiques, plusieurs caractéristiques vont déterminer l'évolution des températures :

- la capacité isolante de la caisse (parois, planché) : elle détermine la puissance nécessaire du groupe frigorifique ou l'autonomie des véhicules ne

disposant pas de dispositif de production de froid. Elle se mesure en pratiquant un essai d'isothermie ;
- le rapport entre la puissance du groupe et le flux de chaleur dissipé par la caisse (des normes sont définies dans l'ATP) ;
- les caractéristiques du chargement : les dispositifs thermiques sont dimensionnés pour **maintenir la température** des produits, en compensant les flux de chaleur à travers les parois de la caisse, **et non pour l'abaisser** si elle est trop élevée. Le chargement doit donc être effectué avec des produits à la température requise ;
- la circulation d'air à l'intérieur de la caisse doit permettre d'évacuer la chaleur traversant les parois ou produite par le chargement. Des dispositifs comme les gaines de soufflage ou les écrans de reprise d'air permettent d'éviter les courts-circuits d'air et de limiter l'hétérogénéité des températures dans le chargement ;
- les ouvertures de portes, lors des tournées de distribution, sont généralement accompagnées d'un arrêt du soufflage d'air froid et conduisent inévitablement à des remontées en température. Le dimensionnement des équipements doit en tenir compte ;
- enfin, dans le dimensionnement des équipements, on doit prendre en considération le vieillissement des caisses au cours de leur durée de vie.

Comme dans les entrepôts, et les conteneurs reefer des enregistreurs sont obligatoires pour les produits surgelés et pour les viandes hachées, à l'exception de la distribution locale.

II – Le transport en conteneur frigorifique incontournable et maillon essentiel de la logistique du froid

A – *Les procédures*

De la réservation à la livraison des marchandises

La plupart des grands compagnies maritimes telles que CMA-CGM, MSC er MAERSK

AP MOLLER ont mis en place une série de procédures depuis la réservation du conteneur et de son voyage jusqu'à la livraison de la marchandise à sa destination finale.

Au moment de la réservation, les informations suivantes seront nécessaires:

- La nature de la marchandise
- Le lieu d'origine et la destination finale
- La quantité de marchandise, son poids et ses dimensions
- Le type d'emballage utilisé (caisse, bidon, palette ...)
- La température de transport (préciser °C ou °F)
- Les besoins de renouvellement de l'air ambiant (préciser si cf. /m ou cm/h)
- Le choix optionnel entre atmosphère modifiée et atmosphère contrôlée
- Les dates de disponibilité de la marchandise au lieu d'empotage et la date prévue de livraison à destination

1 -Inspection avant-transport ou Pre Trip Inspection (PTI) du conteneur

La PTI est une inspection détaillée du conteneur (Cf. Annexe 4). Elle est scrupuleusement appliquée par les experts Reefer et consiste à s'assurer de :

- la propreté du conteneur
- l'absence de toute odeur
- le parfait état du système

2-Pre-Cooling Cargo

Une marchandise doit, au préalable, être adaptée à la température requise durant son futur transport en Reefer. En effet, les conteneurs sont conçus pour maintenir cette température, et **non pour la baisser**. Pour éviter tout phénomène de condensation à l'intérieur du conteneur, celui-ci ne sera pas soumis au Pre-Cooling. Sauf en cas d'empotage en chambre froide.

3-Packaging

Les emballages utilisés doivent :

- être conçus, fabriqués et stockés de façon à assurer une protection optimale de la marchandise
- pouvoir résister sans dommage à des manipulations répétées dans des environnements divers et variés
- pouvoir résister à une pression verticale provoquée par l'empilage des cartons
- pouvoir résister à l'humidité
- favoriser la parfaite circulation de l'air à l'intérieur du conteneur et assurer ainsi la bonne gestion de la température.

4 -Empotage et arrimage

L'empotage et l'arrimage de la marchandise à l'intérieur du conteneur sont assurés par le chargeur. Quelques conseils à suivre :
La circulation de l'air dans un Reefer se faisant à partir du plancher, il faut répartir la cargaison sur toute la surface du plancher. Si la cargaison ne permet pas de recouvrir la totalité du plancher, utiliser un matériau couvrant : carton, etc. (Cf. annexe 5 Airflow).
Pour une cargaison sous température dirigée positive, les cartons doivent être empoté en bloc, sans espaces entre eux, ni entre eux et les parois du conteneur, de façon à ce que l'air réfrigéré pénètre par les orifices prévus à cet effet, au fond et sur le dessus des cartons. Les mêmes recommandations s'appliquent aux marchandises congelées pour éviter que la chaleur extérieure n'entre en contact avec la marchandise (Cf. Annexe 6 Stocking).

5-Pendant le trajet

Les experts Reefer des compagnies contrôlent le bon fonctionnement des conteneurs réfrigérés à chaque étape du trajet :

- à son entré et à sa sortie du parc conteneur
- à son chargement sur le train ou le camion
- lors de son stationnement sur le terminal portuaire
- pendant le trajet sur le navire

Durant le transport, le bon fonctionnement du conteneur Reefer est vérifié régulièrement. Il utilise un système d'enregistrement électronique – microprocesseur et sondes (dataloggers) – qui enregistre, durant tout le voyage, l'ensemble des paramètres. Même débranché, le « datalogger » continue d'enregistrer les températures du conteneur :

- La température soufflée
- La température reprise
- La température ambiante
- La température de la cargaison (sur option)
- Le niveau d'humidité

D'autres événements pouvant impacter la qualité de la marchandise sont également mesurés et enregistrés :

- Les réglages opérés
- Les modifications de paramètres

- Les interventions
- Les pannes
- Les alarmes
- Les branchements/débranchements

6 - Au moment de la livraison

Les experts des compagnies maritimes vérifient les températures du conteneur frigorifique et s'assurent de son bon fonctionnement jusqu'à la livraison des marchandises à leur destination finale.

- Les besoins spécifiques de la marchandise (exemple : Multi-température, Cold treatment, etc.)

<u>B - *Les solutions techniques*</u>

1 – Le principe de fonctionnement

Le Reefer, comment ça marche ?

La plupart des conteneurs Reefer sont conçus pour diffuser de l'air réfrigéré par le plancher, à travers les rainurages prévus à cet effet. Ce système a l'avantage de favoriser le circuit d'air pulsé de façon constante et uniformément répartie. La puissance dynamique de l'air favorise un parfait échange avec la marchandise. La puissance frigorifique permet de maintenir ou d'abaisser la température de la marchandise, même dans les conditions les plus difficiles. Chaque Reefer peut également "réchauffer" les produits, grâce à des résistances électriques pouvant atteindre 30°C, même lorsque les températures extérieures sont extrêmement basses.

2 - Le contrôle de l'atmosphère

En modifiant les caractéristiques de l'air présent dans le conteneur (CO_2 et O_2), on ralentit le processus de mûrissement des produits frais, de manière significative, augmentant ainsi leur durée de conservation. C'est ce que proposent les systèmes **EVERFRESH, TRANSFREH et AFAM+**

- Le contrôle de la température

Pour certains produits (la crèmes glacées ou le poisson), il convient de produire des températures extrêmement basses (jusqu'à -35°C). Une telle technologie est utilisée dans les conteneurs **MAGNUM**.

Procédé ultra précis, **le traitement par le froid** consiste à maintenir certains produits (principalement les fruits) pendant une durée prédéterminée et sans interruption, à basse température, afin d'éliminer les parasites (insectes...).

Certains produits nécessitent une variation de température par pallier (la tomate ou encore la pomme de terre). Il est alors nécessaire d'utiliser le système «multi températures». Il permet de choisir plusieurs températures consécutives pendant un même voyage.

La régulation de la température se présente sous deux formes (Cf. schéma 6):

- La congélation, dite « Frozen mode ». Dans ce cas-ci, la régulation se fait de façon précise sur le retour de l'air.
- La conservation, dite « Chilled mode ». Dans ce cas-là, la régulation se fait de façon précise sur le soufflage de l'air.
- Le renouvellement d'air

La circulation d'air pulsé réfrigéré prévient le mûrissement des produits et le dégagement d'odeurs parasites, assurant de ce fait une plus longue durée de vie et donc meilleure commercialisation du produit.

Certaines marchandises pouvant dégager des gaz et des moisissures (qui dégradent la qualité des produits), la plupart des reefers sont équipés de systèmes de renouvellement d'air. De l'air neuf venant de l'extérieur est refroidi, puis injecté à l'intérieur du conteneur, en échange d'un même volume d'air, éjecté à l'extérieur. Ce volume (compris entre 0 et 290 m³/h) est fonction du type de marchandise transportée, et peut être réglé directement depuis le conteneur.

- Le contrôle de l'humidité

Nombreuses sont les marchandises qui exigent un niveau d'humidité réduit. C'est pourquoi l'ensemble de la plupart des Reefer disposent d'un système permettant de réduire le niveau interne d'humidité, entre 55% et 95%.

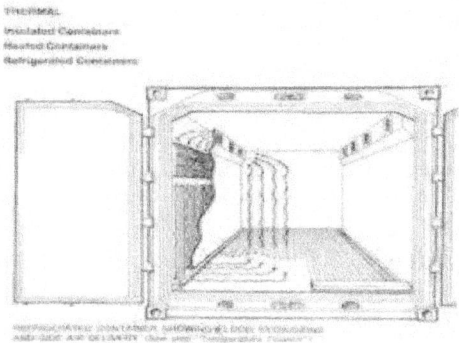

<u>Schéma 6</u>

3-Des options pour chaque besoin

Les options suivantes peuvent être adaptées sur les conteneurs Reefer, en fonction des besoins et des marchandises.

- COLD TREATMENT

Procédé ultra précis utilisant plusieurs **sondes** (cf. Schéma 7 & annexe 7), le traitement par le froid est appliqué à certains produits (principalement les fruits) directement dans le conteneur après empotage, et permet d'éliminer un certain nombre de parasites. Ce résultat est atteint en maintenant la marchandise pendant une durée prédéterminée et sans interruption, à basse température. En évitant la fumigation ou le traitement par insecticide, ce traitement respecte les normes phytosanitaires de nombreux pays.

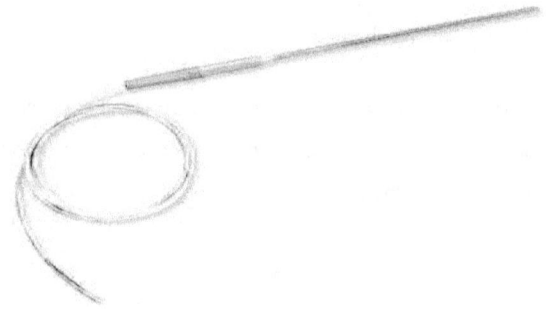

Schéma 7
Température maximal : 150°C pour la sonde standard
36 " isolés, fil de connexion échoué 26 par A.W.G /gaine 316SS
1/8, 3/16 et 1/4 « gaine de diamètre disponible / 2252 ohms, norme des éléments 0.2°C.

- MAGNUM

Le système MAGNUM permet de produire des températures extrêmement basses allant jusqu'à -35°C (notamment pour la conservation des crèmes glacées et le poisson congelé)

- AFAM+

Le système AFAM + permet une régulation précise du taux de CO_2. Il convient parfaitement à certains fruits et légumes, comme l'avocat, le raisin ou le brocoli.

- TRANSFRESH

Le système TRANSFRESH permet une régulation précise des taux de CO_2 et d'O_2. Il convient à des fruits très sensibles aux augmentations de gaz tels que les mangues ou les myrtilles. A la différence du système EVERFRESH, il implique une injection de gaz au départ du voyage.

- EVERFRESH

Le système EVERFRESH permet une régulation précise des taux de CO_2 et d'O_2. Il convient à des fruits très sensibles aux augmentations de gaz tels que les mangues ou les myrtilles. Il n'implique, lui, aucune injection de gaz, mais crée lui-même les quantités nécessaires.

- Chargements très sensibles (Very Sensitive cargo)

La nature de certains produits impose des précautions particulières durant tout le processus de transport. C'est le cas des produits pharmaceutiques. Chaque conteneur, avant empotage et transport, est soumis à un test de bon fonctionnement pendant 48h durant lesquelles sont testées les phases de réfrigération et de réchauffement.
Une sonde supplémentaire est placée à l'intérieur du conteneur, au cœur de la marchandise, directement branchée sur le « datalogger » du conteneur. Ceci permet une mesure précise de la température du produit par rapport à la température ambiante du conteneur. Enfin, une procédure particulière appelée « Monitoring VSC » est placée à bord des navires pour pallier tout incident éventuel.

- Multi-températures

Ce système permet de choisir plusieurs températures consécutives pendant un voyage. Certains produits nécessitent une variation de température par pallier. Certaines variétés de pomme de terre nécessitent une baisse de température progressive au cours de leur trajet, afin de ne pas s'abîmer. La tomate quant à elle, nécessite une montée progressive de température pour arriver à maturité au moment de sa livraison et de sa vente sur le marché. Jusqu'à 6 températures différentes peuvent ainsi être programmées pour un seul et même voyage.

On peut avoir également besoin d'un suivi permanent

- Le modem

Chaque Reefer peut être équipé modem. Celui-ci permet au conteneur d'être relié en permanence à la passerelle du navire. En cas de problème, un signal d'alarme est directement envoyé pour une intervention rapide.

- L'émetteur GPS/GSM

Bien que surveillés en permanence et leurs températures contrôlées plusieurs fois par jour, certaines catégories de produits nécessitent une attention toute particulière. C'est le cas pour les produits pharmaceutiques. Les équipements frigoristes des compagnies maritimes mettent alors en place un émetteur GPS/GSM, assurant ainsi la communication entre le conteneur en mer et la terre. Les éléments de contrôle sont ainsi transmis 24h/24 au poste de surveillance, quelle que soit la position du conteneur.

4-Des conteneurs adaptés à l'intermodal

- Les Gensets

Afin de garantir **le maintien de la chaine du froid** tout au long de leur transport, les conteneurs Reefer sont en permanence alimentés électriquement. A bord, ils sont branchés aux sources d'énergies du navire. A quai, à des prises terminaux prévues à cet effet. Enfin, pour les transports terrestres (sur rail ou camion), ils sont équipés de générateurs portables appelés « gensets ».

- Les conteneurs 45' Pallet Wide

Il existe également des conteneurs 45' pallet Wide. Ces conteneurs adaptés au transport multimodal permettent le chargement d'un plus grand nombre de palettes.

C -Reefer et Environnement, un engagement durable

Dans le cadre de leur politique environnementale, les principaux armateurs s'engagent à développer des solutions conciliant qualité, innovation et protection de l'environnement.

Des solutions écologiques en termes de consommation énergétique et de rejet de CO^2 sont donc mises en place. Les compagnies maritimes investissent donc de conteneurs Reefer dotés de moteurs basse-consommation permettant de réduire jusqu'à trois fois la consommation de fuel par voyage et de réduire ainsi les émissions de gaz carbonique.

Des logiciels de pilotage de la consommation, permettent également de contrôler la température des marchandises tout au long de leur trajet à bord et limitant ainsi la charge d'électricité utilisée. Ces conteneurs Reefers dernière génération, s'inscrit dans une logique de développement durable.

1- Les Reefers basses consommations

Dans le secteur des reefers (*conteneurs spécialisés pour les produits périssables, nécessitant de l'énergie et des gaz réfrigérants*), le Groupe évalue les derniers développements technologiques afin d'identifier les solutions les plus écologiques en termes de consommation énergétique et de rejet de $CO2$.

2- Les conteneurs Light Steel

Certaines compagnies maritimes telles que CMA-CGM misent également sur une flotte de conteneurs *Light Steel*. Cette toute nouvelle génération de conteneurs est fabriquée à partir d'acier *High Tensile* (hautement résistant), permettant de gagner 550 kg de tare par High-Cube tout en conservant les qualités structurelles du conteneur.

Sur un navire de 10 000 evp[4], l'utilisation de ces conteneurs permet d'économiser une à deux tonnes de fuel par jour, ce qui représente 3 à 6 tonnes d'émission de CO_2 en moins.

---

[4] Unité de mesure : équivalent 20'

TITRE II

... vers un secteur du froid

de plus en plus encadré par l'Union Européenne

CHAPITRE I
Les règles & normes à respecter en matière de froid

I – Réglementations, normes et guides de bonnes pratiques

La maîtrise de la chaîne du froid s'appuie sur un ensemble de dispositions réglementaires définies au niveau européen et transcrites en droit français. Certains points ont été évoqués au chapitre I Titre I.

Au niveau européen, la réglementation s'appuie sur un corpus de textes dits :

- « **verticaux** » qui concernent les différentes filières : produits de la pêche, viandes de boucherie, viandes de volailles, produits laitiers, produits transformés, qui fixent des limites (par exemple 7 C pour les viandes fraîches) ;
- « **horizontaux** » concernant la production, l'entreposage et **le transport**.

La nouvelle approche réglementaire qui vise à limiter aux exigences essentielles les dispositions obligatoires (protection de la santé publique et de l'environnement, information du consommateur, loyauté des transactions commerciales, nécessité d'un contrôle public) s'est concrétisée par l'adoption de la directive 93/43/CEE, qui renforce la responsabilisation des opérateurs jusqu'à la remise au consommateur, à travers des obligations de résultats plus que de moyens, la mise en place d'autocontrôles et la formation du personnel.

Ces dispositions sont complétées par les directives sur les surgelés (92/1/CEE et 92/2/CEE) et, au niveau international, par l'accord sur le transport des denrées périssables.

L'ensemble de ces textes fixe :

- des niveaux de température à respecter par type de produit ;
- des règles concernant la mesure, l'affichage et l'enregistrement des températures ;
- des règles concernant les performances des équipements.

Les professionnels disposent d'outils qui permettent de mettre en place des démarches d'amélioration.

A - *Certification des équipements et des installations*

Certaines démarches de certification sont conduites dans un cadre réglementaire. Toutefois, avec l'évolution de la réglementation, de plus en plus de démarches sont conduites de façon volontaire par les opérateurs.

La première étape consiste à s'assurer que les équipements répondent à des performances déterminées.

Ainsi, en ce qui concerne les **véhicules à température dirigée**, l'ATP fixe à la fois les caractéristiques et les méthodes pour les mesurer. Ce type de démarche a été étendu aux enregistreurs de température.

Dans le cas des **meubles frigorifiques de vente**, des travaux menés sous l'égide de l'association des constructeurs Eurovent CECOMAF ont conduit à l'élaboration de la norme européenne EN 441 , qui fixe les caractéristiques et les méthodes d'essais des meubles frigorifiques de vente. Des réflexions sont en cours pour mettre en place un système de certification volontaire.

B - *Guides de bonnes pratiques*

L'élaboration d'un guide de bonnes pratiques est une démarche volontaire conduite par une profession. Elle est encouragée par la directive européenne 93/43/CEE (cf. annexe 8). Lorsque le guide est approuvé par les services officiels de contrôle, il permet une plus grande confiance entre ces services et les entreprises, qui se traduit par un allégement du poids du contrôle et une plus grande autonomie des entreprises pour faire évoluer leur organisation et leurs techniques.

En France, l'Association française du Froid et le Cemagref [5] ont rédigé un guide sur la maîtrise de la chaîne du froid des denrées surgelées, et deux autres sur les denrées réfrigérées (produits laitiers et produits carnés).

C- Formation des différents opérateurs

Il s'agit souvent du facteur essentiel qui permet de « réussir le changement » et de faire évoluer l'organisation et les missions des agents pour aider l'entreprise de s'adapter aux évolutions des marchés et des technologies.

D - Démarches HACCP

Les démarches HACCP (*Hazard Analysis, Critical Control Points*) constituent un outil important d'assurance de la qualité appliqué à la maîtrise de l'hygiène des aliments et permettent la mise en place d'une gestion des risques. Elles présentent un grand intérêt dans le domaine de la chaîne du froid.

Toutefois, leur difficulté de mise en œuvre vient de la multiplicité des opérateurs et **du fait que chaque étape ignore, en général, celles qui ne la précèdent ou ne la suivent pas immédiatement.**

Les méthodes d'évaluation des dangers, évoquées au paragraphe 9, devraient permettre de surmonter ce handicap.

---

[5] L'institut de recherche en sciences et technologies pour l'environnement

II – Traçabilité du froid

A -Définition

Le terme **traçabilité** a fait son apparition dans le contexte réglementaire fin 1996 à la suite de la crise de la « vache folle » et pour répondre aux attentes des consommateurs, qui se sont fortement mobilisés pour que l'origine des produits soit vérifiée et affichée.

La traçabilité est l'aptitude à retrouver l'historique, l'utilisation ou la localisation d'une entité au moyen d'identifications enregistrées.

La traçabilité du froid, quant à elle, est l'aptitude à retrouver l'historique de la température d'un produit au moyen d'enregistrements.

Suivre les produits du producteur au consommateur (de la fourche à la fourchette) est difficile dans la mesure où la plupart des produits que nous consommons sont des produits transformés résultant souvent d'assemblage de composants d'origines diverses. Par ailleurs, les produits alimentaires transitent dans des plates-formes d'éclatement, où les palettes homogènes qui y arrivent sont éclatées puis recomposées en palettes hétérogènes correspondant aux commandes des magasins. En outre, les opérateurs concernés par la chaîne du froid sont nombreux : la directive 93/43 relative à l'hygiène des denrées alimentaires en donne un aperçu : préparateur, transformateur, fabricant, conditionneur, entreposeur, transporteur, distributeur, manutentionnaire et vendeur. Il importe, par conséquent, qu'à chaque transfert entre opérateurs les documents de la traçabilité suivent.

B-Appareils de mesure

1-Thermomètres

Ils sont de différents types :

- thermomètres mécaniques s'appuyant sur le principe du bilame, de la dilatation d'un gaz ou de tout autre élément sensible transformant les variations de la température en un mouvement mécanique avec visualisation sur un écran gradué ;
- thermomètres électroniques avec sonde Pt 100, ou tout autre élément sensible transformant la température en signal électrique avec visualisation sur un écran digital ;
- thermomètres électroniques sans contact reposant sur le principe de la conversion en température de l'énergie infrarouge rayonnée par les produits avec visualisation sur un écran numérique.

Ils sont **obligatoires** dans de nombreuses applications :

- véhicules de transport à température dirigée (conteneur frigorifique…) en plus de l'enregistreur de température d'air obligatoire pour le transport des aliments surgelés et des viandes hachées réfrigérées (arrêté du 20 juillet 1998) ;
- entrepôts pour les denrées animales et d'origine animale (arrêté du 3 avril 1996) ;
- meubles de vente au détail d'aliments surgelés et de crèmes glacées permettant au consommateur d'apprécier la température de l'air (température d'air à la reprise pour les meubles ouverts) (arrêté du 9 mai 1995).

Ils sont **conseillés** dans les réfrigérateurs et congélateurs ménagers, mais rares sont les appareils qui sont équipés de thermomètres à affichage extérieur et rares sont les utilisateurs qui mesurent les températures à l'intérieur de leur appareil à l'aide de thermomètres portables.

Les thermomètres sont aussi utilisés par les entreprises lors de la réception des denrées dans le cadre de procédures d'assurance qualité. Il s'agit de contrôles contradictoires.

Ils sont, enfin, employés par les services de contrôle pour mesurer les températures à cœur et les comparer aux températures réglementaires.

2-Enregistreurs de température

La directive 92/1/CEE du 13 janvier 1992 relative aux aliments surgelés a donné une reconnaissance officielle aux enregistreurs de température, en rendant ces appareils obligatoires dans les moyens de transport des aliments surgelés et en confiant à l'autorité compétente du pays d'immatriculation la responsabilité d'« approuver » ces instruments.

Ces appareils se sont multipliés non seulement dans les entrepôts et les véhicules de transport de produits surgelés, mais aussi dans ceux de produits réfrigérés. En effet, de nombreuses entreprises, dans le cadre de leur politique d'assurance qualité, ont étendu l'usage de ces appareils pour les produits frais, même dans le cas où ils ne sont pas obligatoires. Ces appareils apparaissent aussi dans les cales réfrigérées des bateaux de pêche où ils sont obligatoires.

Dans la grande distribution, les exploitants recherchent aussi une traçabilité des températures dans les meubles de vente. Aussi commencent-ils à mettre en place des systèmes centralisés regroupant vers une salle de mesure les informations des sondes disposées dans les meubles de vente du magasin. Les exploitants peuvent, ainsi, assurer une surveillance permanente, agir immédiatement en cas d'anomalies, et archiver les informations recueillies sur disque dur ou disquette.

Faire une typologie de ces appareils dépasserait l'objet de cet article. Retenons qu'il en existe une grande variété : mécaniques, électromécaniques, électroniques ; à sonde interne ou externe ; mono-sonde ou multisonde ; à système de lecture sur papier ou sur écran ; sous forme de courbes ou sous forme de tableaux de chiffres.

Le mérite de la norme française NF E 18-150 (cf. Annexe 9), reprise au niveau européen, est d'avoir normalisé l'ensemble de ces appareils en une seule norme malgré leur diversité. Un autre mérite de la norme est de donner aux utilisateurs les caractéristiques certifiées des appareils et, par conséquent, de faciliter leur achat et leur emploi, et d'apporter un plus grand niveau de confiance.

3-Indicateurs de température

Typiquement, les indicateurs de température sont des appareils à franchissement de seuil. Ils indiquent si une température prédéterminée a été franchie pendant un temps lui aussi prédéfini et, en général, de courte durée (15 min, 1 h ...).

Les phénomènes utilisés sont soit physiques (fusion de fragment de glace ou d'un eutectique), soit chimiques (monomère incolore qui se colore en se polymérisant sous l'effet de la chaleur, etc.), soit biologiques (développement bactérien entraînant un changement de couleur du milieu par modification du pH, etc.).

Les indicateurs délivrent une information intéressante en soi. Leur avantage est d'être attachés aux produits et de franchir les interfaces avec eux. Ils peuvent être utilisés par des prestataires de service en logistique comme « arbitre » : si l'indicateur a viré, attestant le franchissement de la température limite définie, d'accord entre les parties, la marchandise peut être refusée. Toutefois, ils délivrent une information insuffisante puisque, en général, l'indicateur ne donne ni l'amplitude ni la durée de dépassement de température.

4- Intégrateurs de température

Ces appareils ou substances sont, comme les précédents, attachés à la denrée et donnent une information globale tout au long de la chaîne du froid, depuis la fabrication du produit où l'intégrateur a été apposé sur l'emballage jusqu'au réfrigérateur/congélateur du consommateur.

Les intégrateurs de température « intègrent » les **deux facteurs principaux** qui contribuent à la perte de qualité hygiénique et organoleptique des denrées : **le temps et la température.** Ils donnent à tout moment une représentation de la durée de vie résiduelle de la denrée. Bien que commercialisés depuis de nombreuses années, les intégrateurs n'ont pas encore connu des développements importants. En France, un distributeur les utilise pour ses produits depuis 1991 sous l'appellation « puce fraîcheur ». En Italie, un fabricant les utilise pour ses pâtes fraîches.

Les atouts des intégrateurs de température sont nombreux. En premier lieu, ils ne sont pas chers (15 centimes hors taxes l'unité pour la puce fraîcheur). Ensuite ils sensibilisent les employés des rayons frais au respect des températures, de même que le consommateur, qui dispose d'un élément d'information supplémentaire par rapport à la seule DLC. Ils sont complémentaires des enregistreurs de température qui, en général, sont fixés à l'enceinte et ne suivent pas la denrée.

Toutefois, certaines interrogations demeurent :

- comment choisir le phénomène que l'on entend simuler ? Si la denrée peut être contaminée par différents micro-organismes, lequel choisira-t-on ?* Quel Q_{10} [6] inoculera-t-on à l'intégrateur ?
- comment prendre en compte la contamination initiale du produit ?
- peut-on prendre en considération les périodes de latence des micro-organismes avant leur phase de développement ?
- l'intégrateur positionné sur l'emballage du produit est-il représentatif de la température de la denrée, ou peut-il être influencé par l'environnement extérieur (rayonnement thermique, par exemple)?
- comment prendre en compte d'autres facteurs tels que l'humidité, les atmosphères modifiées dans les paquets ou la fréquence des fluctuations de température?

Enfin, ces intégrateurs n'ont pas encore été normalisés ; une telle démarche, comme pour les enregistreurs de température, donnerait un plus grand niveau de confiance dans leur emploi. Néanmoins, les progrès récents dans la microbiologie

---

[6] Le Q_{10} est le rapport de la vitesse d'une réaction à la température θ à la vitesse de cette réaction à la température $\theta - 10\,°C$. Des valeurs comprises entre 2 et 3 sont fréquentes pour des phénomènes biologiques.

prévisionnelle en température variable et les résultats expérimentaux donnent des renseignements nouveaux qui devraient contribuer au développement de ces outils.

C-Utilisation du matériel

1-Traçabilité indirecte par mesure de la température de l'air dans les enceintes

Cette méthode n'est pas nouvelle : les enregistreurs de température sont utilisés depuis fort longtemps dans les entrepôts frigorifiques et dans les conteneurs maritimes. La nouveauté réside dans un meilleur archivage des informations recueillies et dans la connaissance des enceintes dans lesquelles ont transité les produits avec les courbes de températures afférentes.

Les progrès de l'informatique, qui permettent d'archiver sur disque dur ou sur disquette, de même que les progrès accomplis par les logisticiens dans la tenue des documents (lettres de voiture, documents expéditeurs, etc.), permettent de retrouver, a posteriori, les véhicules dans lesquels tel paquet a été transporté et les chambres froides dans lesquelles il aura transité. Les courbes de température correspondantes datées et archivées (pendant plus d'un an) sont alors recherchées, si cela est nécessaire.

Cette méthode permet d'avoir une présomption de preuve de la bonne ou de la mauvaise qualité du froid produit.

Exemple :

Une température de – 20 C à la reprise d'air d'un véhicule de transport de denrées surgelées est une présomption de preuve de bon fonctionnement du groupe frigorifique.

Toutefois, les enregistrements doivent indiquer des informations complémentaires telles que l'emplacement de la (des) sonde(s) par rapport à l'évaporateur et les périodes de dégivrage.

2- Traçabilité par contact

Beaucoup d'utilisateurs placent des enregistreurs de température à l'intérieur des cartons au contact des paquets. Cette méthode donne une température plus proche de la température du paquet ; de plus, elle permet de franchir les interfaces. Elle est souvent utilisée par les entreprises pour autocontrôler la qualité de leur prestation.

Les entreprises recommandent également, lors des livraisons et des réceptions, de faire des mesures ponctuelles avec des thermomètres. Les relevés de température sont mentionnés sur les documents de transport (lettre de voiture).

3-Traçabilité à cœur du produit

Des mesures ponctuelles à cœur sont faites par les services de contrôle ; mais elles ne permettent pas d'assurer une véritable traçabilité.

On peut penser que l'enregistrement à cœur de paquets simulant les propriétés thermo physiques des denrées va se développer. De tels paquets, contenant de la méthylcellulose, par exemple, placés à des emplacements critiques (points chauds) des entrepôts ou des meubles de vente, permettent d'enregistrer des températures très voisines des températures réelles. Ces méthodes gagneraient à être normalisées au plan international, afin d'être reconnues.

4-Utilisation des indicateurs et des intégrateurs de température

- Sans donner l'histoire temps-température des produits, les **indicateurs** confèrent une présomption de preuve de bonne chaîne du froid si le seuil fixé n'est pas franchi.

- Les **intégrateurs** sont des outils complémentaires des enregistreurs de température de l'air. Ils apportent un complément de garantie. Si, par exemple, la date de péremption n'est pas encore atteinte et si l'intégrateur ne signale pas que la durée de vie est dépassée, le consommateur sait qu'il peut manger ledit produit avec de bonnes garanties de fraîcheur. Notons cependant le risque de commercialisation à prix réduits des produits dont la DLC est dépassée mais dont le signal de l'intégrateur est encore bon. Ceci est pratiqué dans certains pays.

CHAPITRE II
Liens entre microbiologie et chaîne du froid

I – Evaluation des dangers & microbiologie prévisionnelle

L'existence de modèles de comportement des aliments en fonction des conditions d'ambiance peut permettre de prévoir leur durée de conservation, en particulier pour les fruits et légumes, mais également pour les viandes et les produits fermentés (fromages et produits laitiers frais). Le cas particulier de la microbiologie prévisionnelle est présenté ici, du fait de l'intérêt en matière de sécurité et d'hygiène des aliments.

A-Réglementation & analyse des risques

Les années 1990 ont marqué un tournant dans l'appréhension des questions de qualité et de sécurité des produits par l'industrie alimentaire. Au niveau réglementaire, cette évolution s'est concrétisée par la mise en place de la nouvelle approche réglementaire en Europe : afin de favoriser l'harmonisation des réglementations nationales, les autorités européennes ont décidé de limiter la réglementation aux exigences essentielles que sont la protection de la santé publique et de l'environnement, l'information des consommateurs, la loyauté des transactions commerciales et la nécessité d'un contrôle public. Une responsabilité plus importante a été conférée aux producteurs et entreprises mettant sur le marché des produits. Ainsi, la directive européenne 93/43/CEE précise que les entreprises du secteur alimentaire doivent identifier tout aspect de leur activité qui est déterminant pour la sécurité des aliments et veiller à ce que des procédures de sécurité appropriées soient établies. Elles doivent, notamment, analyser les risques alimentaires potentiels des opérations qu'elles mènent.

Au niveau international, dans le cadre de l'Organisation mondiale du Commerce, l'accord SPS (Accord sanitaire et phytosanitaire) fixe des règles relatives à l'application, par les pays membres, des mesures sanitaires et phytosanitaires qui pourraient entraver le commerce mondial. Il établit, notamment, que les mesures sanitaires devront être fondées sur des principes scientifiques pour apporter un niveau de protection approprié. Ces mesures pourront, en particulier, s'appuyer sur des normes internationales comme celles qui sont établies par le *Codex Alimentarius* [7] *(précédemment évoqué au Chap. I)*. Ce dernier a déjà établi des critères microbiologiques notamment, ainsi que les règles à respecter par les systèmes officiels de contrôle, d'inspection et de certification.

Il a également défini des concepts relatifs à l'évaluation des risques. Ainsi, il distingue :

- le danger : l'agent physique, chimique ou biologique présent dans l'aliment ;
- le risque : estimation de la probabilité d'un effet néfaste, pondéré par sa gravité ;
- l'analyse des risques et l'évaluation des risques, qui sont des processus consistant à évaluer scientifiquement la probabilité que se produisent des effets néfastes.

---

[7] La Commission du Codex Alimentarius a été créée en 1963 par la FAO et l'OMS afin d'élaborer des normes alimentaires, des lignes directrices et d'autres textes, tels que des Codes d'usages, dans le cadre du Programme mixte FAO/OMS sur les normes alimentaires. Les buts principaux de ce programme sont la protection de la santé des consommateurs, la promotion de pratiques loyales dans le commerce des aliments et la coordination de tous les travaux de normalisation ayant trait aux aliments entrepris par des organisations aussi bien gouvernementales que non gouvernementales.

B-Chaîne du froid & dangers microbiologiques

Dans le cas de la chaîne du froid, les risques identifiés pour la population sont essentiellement les risques d'intoxication par des micro-organismes pathogènes. Les conséquences du non-respect de la chaîne du froid sont difficiles à caractériser précisément. Toutefois, alors que des maladies véhiculées par les aliments comme la fièvre typhoïde et que les intoxications alimentaires comme le botulisme ont presque disparu dans les pays développés (environ 30 foyers déclarés en France entre 1993 et 1995), on observe en revanche une recrudescence de certaines maladies et toxi-infections d'origine alimentaire. Cette recrudescence s'explique sans doute par :

- l'évolution vers une production de masse qui semble responsable de l'augmentation des contaminations par des *Salmonelles* ;
- le développement de l'utilisation du froid à des températures supérieures à 0 C qui favorise l'incidence de bactéries psychrotrophes[8] comme *Listeria monocytogenes* ;
- l'évolution des habitudes de consommation : la vogue du « frais prolongé » qui conduit à conserver longuement des produits non stérilisés, favorisant ainsi le développement de l'utilisation domestique des fours à micro-ondes qui ne semblent pas assurer une homogénéité de chauffage suffisante pour garantir l'assainissement habituellement attendu de la cuisson ;
- une moindre immunorésistance d'une proportion croissante de la population aux agressions, notamment du fait de l'élévation de l'âge moyen ;
- la découverte chez les micro-organismes de formes plus virulentes et de formes résistantes. Ainsi, au premier rang des préoccupations des industriels de l'agroalimentaire, *Listeria monocyto-gênes* est capable de croître à des températures de l'ordre de 3 C et se révèle particulièrement tenace dans

---

[8] Organisme qui se développe à des températures limites comprises entre 0 et 35 °C environ et dont la température optimale se situe entre 20 et 30 °C.

l'environnement industriel. La présence de *Bacillus cereus* [9] dans les aliments est également un problème pour les industriels de l'agroalimentaire. Ce micro-organisme pathogène est capable de résister à de faibles traitements thermiques et certaines souches peuvent se développer à des températures inférieures à 7 C.

II -Microbiologie prévisionnelle

Dans le cas de la chaîne du froid, les méthodes conventionnelles d'évaluation de la durée de conservation des produits s'appuient sur des tests réalisés en conditions prédéterminées censées représenter la vie du produit. Ainsi, pour la charcuterie, les produits sont soumis à des températures de 4 C, puis 8 C, pendant des durées correspondant à 1/3 et 2/3 de la durée de conservation. Ces méthodes conduisent à des marges de sécurité et à des coûts expérimentaux importants.

Des approches consistant à évaluer le comportement des micro-organismes à partir de l'intégration de la température au cours du temps ont été analysées par McMeekin[10]. Elles reposent sur une hypothèse forte dite TTT (*time temperature tolerance*) qui suppose notamment la commutativité des effets de la température (la même remontée en température a le même effet quel que soit le moment auquel elle se produit).

Le développement d'outils prévisionnels de la croissance microbienne a pris son essor depuis le début des années 1990. Des outils mathématiques simulant le comportement des flores dans les produits alimentaires ont été élaborés dès les années 80. Les modèles de microbiologie prévisionnelle sont aujourd'hui utilisés pour étudier les dangers microbiologiques au cours de la chaîne du froid ainsi que

---

[9] Le germe **Bacillus cereus**, retrouvé de manière ubiquitaire dans le sol, est fréquemment responsable d'intoxications alimentaires opportunistes, et ce dans le monde entier mais plus particulièrement en Europe. Il s'agit très souvent de l'ingestion d'aliments non réfrigérés après cuisson et après une première consommation (riz cuit par exemple). Le nombre de germes suffisant pour entraîner une intoxication est de un million.

[10] McMeekin, T. A., Olley, J. N., Ross, T., & Ratkowsky, D. A. (1993). Predictive microbiology: Theory and application. New York: Wiley & Sons, Inc. Professeur

pour estimer la durée de vie des produits. Leur validité a pu être confirmée dans certains cas.

Rosso [11] a proposé une approche pour construire des modèles mathématiques de portée générale pour décrire le comportement d'un micro-organisme en fonction de paramètres intrinsèques, d'une part, et de son environnement, d'autre part : temperature, pH, activité de l'eau ou nature des acides présents, avec des modèles ayant une signification biologique.

A- Les limites à l'usage de la microbiologie prévisionnelle

L'utilisation des modèles de microbiologie prévisionnelle est pour l'instant limitée, pour trois raisons :

- la plupart des modèles proposés s'appuient sur des paramètres de croissance mesurés à des températures supposées constantes. Leur validité n'a pas été confirmée dans des conditions de température variable, voire infirmée à des températures variables proches des températures minimales de croissance ;
- ils concernent des milieux de cultures homogènes et ne s'appliquent pas à la prévision de la croissance en surface des produits alimentaires ;
- enfin, les paramètres de croissance mesurés sur un produit ne peuvent pas être extrapolés à d'autres produits sans avoir acquis une solide connaissance de la physiologie du micro-organisme.

Toutefois, l'approche présentée au paragraphe 9.3, consistant à identifier des paramètres ayant une signification biologique, permet d'effectuer des synthèses à partir de données de croissance obtenues dans différents laboratoires et à différentes conditions. Cette approche permet de capitaliser les connaissances acquises sur le comportement des micro-organismes dans les produits alimentaires,

---

[11] Rosso Normalien en biologie et biochimie (ENS LYON)

et rend possible la constitution de bases de données qui permettront d'extrapoler l'expérience acquise avec des niveaux de confiance de plus en plus élevés.

B-Évaluation des dangers sur la chaîne du froid

Pour développer une démarche de modélisation des dangers, il est nécessaire de l'appliquer à la chaîne du froid dans son ensemble, depuis le producteur jusqu'au consommateur.

En effet, plusieurs opérateurs différents sont concernés : producteurs, **transporteurs**, distributeurs, dont la responsabilité est confirmée par la directive 93/43/CEE (Cf. Annexe 8), mais également consommateurs dont le comportement en matière de respect de la chaîne du froid est très peu connu.

Une méthode d'analyse doit donc être :

- globale et prendre en compte l'ensemble de la variabilité des circuits logistiques réels, afin de pouvoir chiffrer l'incertitude sur les résultats prédits par les modèles ;
- multidisciplinaire, combinant les sciences de l'ingénieur et les modélisations thermiques, la science vétérinaire et la microbiologie prévisionnelle ;
- applicable par les opérateurs eux-mêmes (industries agroalimentaires, transporteurs, distributeurs), pour :
    - identifier les situations susceptibles de comporter des risques ;
    - aider à la gestion opérationnelle des dangers dans le cadre de la mise en place de démarches HACCP ;
    - calculer la durée de vie des produits dans les conditions les plus réalistes ;
    - diminuer le coût lié aux produits non conformes ;
- applicable par les autorités compétentes en matière d'hygiène de l'alimentation, pour :

- conduire des audits sur les filières dans lesquelles elles exercent un contrôle officiel ;
- évaluer les enjeux liés à certains types de dangers pour la population ;
- disposer de données de référence nécessaires au pilotage des dispositifs de gestion des risques.

CONCLUSION

Au niveau mondial, on estime que, sur une production agricole de 4 500 millions de tonnes, y compris les produits de la pêche, seules 350 millions de tonnes sont conservées sous régime de froid, alors que 1 500 millions de tonnes auraient avantage à l'être. Ces 350 millions de tonnes représentent 40 % de l'alimentation des 1,2 milliard d'habitants des pays industrialisés, et une faible proportion de l'alimentation des 4,8 milliards d'habitants des pays en voie de développement.

En un siècle, la chaîne du froid est devenue indispensable au développement du secteur alimentaire pour satisfaire les besoins des consommateurs en produits de bonne qualité hygiénique et nutritionnelle. Progrès techniques, réglementation et responsabilité des opérateurs conjugués lui permettent d'assurer un excellent niveau de sécurité pour le consommateur, à travers des équipements et des pratiques de plus en plus performants.

« La température dirigée » des marchandises agroalimentaires et du froid, est une des activités de la logistique. Sa distribution reste sensible face à une gestion de la chaîne du froid qui doit répondre **aux exigences réglementaires contraignantes de l'Union Européenne.** Les acteurs de la chaîne s'imposent un dispositif total (traçabilité, entreposage, transport...) fiable et recourent de plus en plus aux nouvelles technologies pour améliorer leur efficacité.

En quelques années, le marché de la température dirigée s'est structuré au rythme des prestataires logistiques. **Le transporteur du froid, notamment le conteneur maritime frigorifique est devenu incontournable et un maillon essentiel de la logistique.** Les spécialistes du froid (de - 25° a +15°) ont équipe peu à peu leur chaine logistique par la mise en place de dispositifs et l'évolution de leur traçabilité. Parallèlement, la température a été dirigée vers les productions alimentaires pour des raisons de conservation, de santé, et de facilite de manipulation. Ensuite, le marche s'est vite élargit aux produits pharmaceutiques, cosmétiques et mêmes aux fleurs.

Les exigences nouvelles des consommateurs en matière de traçabilité et de protection de l'environnement, des pouvoirs publics en matière d'évaluation des risques, et des entreprises en matière d'efficacité, constituent un nouvel enjeu pour ce secteur, qui conduira certainement encore à une évolution des procédés de réfrigération et de congélation, des pratiques des opérateurs et des services de contrôle dans les années à venir.

En conclusion, les opérateurs de la chaîne du froid doivent mettre l'accent sur les recommandations suivantes :

- la priorité est de fournir au consommateur des aliments sains et salubres ;
- la prise en compte de règles d'hygiène strictes est à cet égard essentielle ;
- le développement de systèmes de transport frigorifique à haute efficacité énergétique est une exigence nouvelle ;
- la sensibilisation des utilisateurs finaux aux bénéfices environnementaux et économiques qu'engendre à long terme le choix d'équipements plus efficaces sur le plan énergétique.

In fine, des économies d'énergie très significatives sont possibles, de l'ordre de 50 % dans le domaine du transport des produits réfrigérés, notamment avec le conteneur frigorifique.

Ainsi, la recherche d'une plus grande efficacité énergétique doit aller de pair avec l'objectif de fournir aux consommateurs des aliments sains et salubres.

BIBLIOGRAPHIE

Thèse :

http://www.sudoc.abes.fr

FILALI (A.) - Détection d'une rupture de la chaîne du froid lors de la conservation d'aliments crus réfrigérés ou congelés. - Université Louis Pasteur (Strasbourg) (2004).

Documents des principales réglementations françaises, communautaires et internationales récentes dans le domaine de la chaîne du froid :

Directive 89/108/CEE du Conseil du 21 décembre 1988 relative au rapprochement des législations des États membres concernant les aliments surgelés destinés à l'alimentation humaine. JOCE du 11 février 1989, p. L40/34-L40/37.

Accord relatif aux transports internationaux de denrées périssables et aux engins spéciaux à utiliser pour ces transports. CEE Genève 1991.

Directive 92/1/CEE de la Commission du 13 janvier 1992 relative au contrôle des températures dans les moyens de transport et les locaux d'entreposage et de stockage des aliments surgelés destinés à l'alimentation humaine. JOCE du 11 février 1992, p. L34/28-L34/29.

Directive 92/2/CEE de la Commission du 13 janvier 1992 portant fixation des modalités relatives au prélèvement d'échantillons et de la méthode d'analyse communautaire pour le contrôle des températures des aliments surgelés destinés à l'alimentation humaine. JOCE du 11 février 1992, p. 34/30-L34/33.

Directive 93/43/CEE du Conseil du 14 juin 1993 relative à l'hygiène des denrées alimentaires. JOCE du 19 juillet 1993, p. L175/1-L175/11.

Arrêté du 9 mai 1995 réglementant l'hygiène des aliments remis directement au consommateur. JO du 16 mai 1995, p. 8 219-8 223.

Arrêté du 3 avril 1996 fixant les conditions d'agrément des établissements d'entreposage des denrées animales et d'origine animale. JO du 19 avril 1996, p. 6 029-6 034.

Arrêté du 28 mai 1997 relatif aux règles d'hygiène applicables à certains aliments et préparations alimentaires destinés à la consommation humaine. JO du 1er juin 1997, p. 8 785-8 789.

Arrêté du 29 septembre 1997 fixant les conditions d'hygiène applicables dans les établissements de restauration collective à caractère social. JO du 23 octobre 1997, p. 15 437-15 442.

Arrêté du 20 juillet 1998 fixant les conditions techniques et hygiéniques applicables au transport des aliments. JO du 6 août 1998, p. 12 044-12 051.

Avis aux transporteurs de denrées périssables. JO du 19 août 1998, p. 12 668-12 684.

Article :

« 16e Note d'information sur les technologies du froid »
Transport frigorifique : progrès et défis
Auteur : *Robert Heap, Président de la Section D de l'IIF*

Ouvrages :

« Expliquez-moi la chaîne du Froid »
Auteur : André Gac

« Chaine du froid et distribution des fruits & légumes Cahiers N°43 »
Auteur : Guyot

Documents divers :

Ministère de l'Économie, des Finances et de l'Industrie. Direction générale de la Concurrence, de la Consommation et de la Répression des fraudes (DGCCRF).

Sites internet :

http://www.cma-cgm.com

Ministère de l'Agriculture et de la Pêche. Direction générale de l'Alimentation (DGAl). Sous-direction de l'Hygiène alimentaire.

http://www.ac-aix-marseille.fr/restauration/haccp/nds10898.htm

- **Association de coordination technique pour l'industrie agroalimentaire ACTIA.**

http://www.actia.asso.fr

L'ACTIA regroupe de nombreux centres techniques spécialisés dans les différents secteurs d'activité de l'agroalimentaire.

- **Association française du Froid AFF.**

http://www.aff.asso.fr

Association reconnue d'utilité publique, l'AFF a pour mission l'étude théorique et pratique des questions se rattachant à la production du froid et à ses applications. Elle assure la liaison entre les différents organismes qui interviennent dans le domaine du froid.

- **Association française de Normalisation AFNOR.**

http://www.afnor.fr

L'AFNOR a pour mission de développer le système normatif en France et de défendre ses valeurs.

- **AFT-IFTIM.**
    http://www.formation-transport-logistique.com/index_ftl.htm

Institut de formation technique aux métiers de la logistique et de la manutention.

- **Cemagref** (Institut de recherche pour l'ingénierie de l'agriculture et de l'environnement) *Unité de recherche « Génie des procédés frigorifiques »*.
    http://www.cemagref.fr

L'unité de recherche « Génie des procédés frigorifiques » regroupe l'ensemble des activités de recherche sur le froid pour l'alimentation du département « Équipements agricoles et alimentaires » du Cemagref.

- **Centre national d'études vétérinaires et alimentaires CNEVA.**
    http://www.veterinaire.fr/monde-v2/onv_m_an_cne.htm

Organismes de recherche et d'appui technique au ministère de l'Agriculture dans les domaines de l'hygiène des aliments, de la santé animale et des médicaments vétérinaires.

- **Institut français de recherche sur l'exploitation de la mer IFREMER.**
    Département d'utilisation et de valorisation des produits.
    http://www.ifremer.fr
- **Institut international du froid IIF.**
    http://www.iifiir.org/defaultfr.asp

L'IIF est une organisation intergouvernementale qui regroupe 60 pays membres. Sa mission, qui est essentiellement scientifique et technique, est de diffuser, développer et promouvoir les techniques de production du froid et de climatisation, les procédés cryogéniques et les pompes à chaleur ainsi que toutes les applications.

- **Institut français du Froid industriel et du Génie climatique IFFI.**
    http://www.cefi.org/fraECOLES/ecole_246.html

L'IFFI est une école d'application qui dispense un enseignement technologique supérieur pour la formation des ingénieurs et des spécialistes du froid et du génie climatique.

- **Pôle de compétence en sécurité alimentaire.**
  http://www.yvelines.pref.gouv.fr/alim/pole.htm

Cet organisme élabore une base de connaissances sur les modèles de croissance des micro-organismes dans les produits alimentaires.

- **Centre technique interprofessionnel des Fruits et légumes CTIFL.**
  http://www.ctifl.fr

Le CTIFL réunit les représentants de la production et de la distribution avec l'ensemble des partenaires de la filière fruits et légumes.

- **Fédération des industries et commerces utilisateurs des basses températures FICUR.**
  http://www.ficur.com

La FICUR est le trait d'union entre les organismes professionnels concernés par l'industrie et le commerce des denrées alimentaires surgelés, ainsi que les glaces, sorbets et crèmes glacées.

- **Perifem** (Association technique de la Fédération des entreprises du Commerce et de la Distribution).
  http://www.perifem.com

Perifem est l'association technique de la Fédération des Entreprises du Commerce et de la Distribution (FCD). Perifem regroupe la plupart des chaînes de distribution alimentaire.

- **Chambre syndicale nationale des entreprises du Froid, d'Équipements de cuisines professionnelles et du Conditionnement de l'air SNEFCCA.**
  http://www.snefcca.com

La SNEFCCA fédère notamment les installateurs et les distributeurs de matériels frigorifiques ou de fluides frigorigènes.

- Union intersyndicale des Constructeurs de matériel aéraulique, thermique, thermodynamique et frigorifique **UNICLIMA**.
  http://www.uniclima.org

UNICLIMA regroupe les principaux constructeurs de matériel frigorifique et aéraulique.

- Union syndicale nationale des exploitations frigorifiques **USNEF.**
  http://www.usnef.fr

L'USNEF regroupe les exploitants d'entrepôts frigorifiques publics.

TABLES DES ANNEXES

- ANNEXE 1 : Directives 92/1/CEE et 92/2/CEE.

- ANNEXE 2 : Guide de conservation

- ANNEXE 3 : Art. Le Monde 8/12/2008: « De la Martinique à l'Essonne, itinéraire d'une banane »

- ANNEXE 4 : PTI

- ANNEXE 5 : Airflow

- ANNEXE 6 : Stocking

- ANNEXE 7 : Sondes

- ANNEXE 8 : Directive européenne 93/43/CEE

- ANNEXE 9 : Norme française NF E 18-150

ANNEXE 1

Directive 92/1/CEE de la Commission, du 13 janvier 1992, relative au contrôle des températures dans les moyens de transport et les locaux d'entreposage et de stockage des aliments surgelés destinés à l'alimentation humaine
Journal officiel n° L 034 du 11/02/1992 p. 0028 - 0029
Edition spéciale finnoise ...: Chapitre 15 Tome 11 p. 5
Edition spéciale suédoise ....: Chapitre 15 Tome 11 p. 5

Texte:

DIRECTIVE 92/1/CEE DE LA COMMISSION du 13 janvier 1992 relative au contrôle des températures dans les moyens de transport et les locaux d'entreposage et de stockage des aliments surgelés destinés à l'alimentation humaine
LA COMMISSION DES COMMUNAUTÉS EUROPÉENNES,
vu le traité instituant la Communauté économique européenne,
vu la directive 89/108/CEE du Conseil, du 21 décembre 1988, relative au rapprochement des législations des États membres concernant les aliments surgelés destinés à l'alimentation humaine (1), et notamment son article 11,
considérant que les dispositions législatives doivent en l'espèce se limiter aux seules prescriptions nécessaires pour satisfaire aux exigences impératives et essentielles relatives au contrôle des températures dans les moyens de transport et les locaux d'entreposage et de stockage de façon à assurer le respect intégral des températures imposées à l'article 5 de la directive 89/108/CEE;
considérant que la mesure prévue à la présente directive est conforme à l'avis du comité permanent des denrées alimentaires,
A ARRÊTÉ LA PRÉSENTE DIRECTIVE:
Article premier
La présente directive concerne les modalités relatives au contrôle des températures dans les moyens de transport et les locaux d'entreposage et de stockage des aliments surgelés.
Article 2
1. Pendant leur utilisation, les moyens de transport et les locaux d'entreposage doivent être équipés d'instruments appropriés d'enregistrement automatique de la température pour mesurer fréquemment, et à intervalle régulier, la température de l'air à laquelle sont soumises les denrées surgelées destinées à l'alimentation humaine. Dans le cas du transport, les instruments de mesure doivent être approuvés par l'autorité compétente du pays dans lequel les moyens de transport sont immatriculés.
Les enregistrements de la température ainsi obtenus doivent être datés et conservés par les opérateurs pendant au moins un an ou plus longtemps suivant la nature de la denrée.
2. La température de l'air durant le stockage dans les meubles de vente au détail et durant la distribution locale est mesurée au moyen d'un thermomètre, aisément visible, qui, dans le cas de meubles ouverts, indique la température au retour d'air au niveau de la ligne de charge maximale, qui doit être nettement indiquée.
3. Les États membres peuvent déroger au paragraphe 1 dans le cas de chambres froides de moins de dix mètres cubes destinées à la conservation de stocks dans les magasins de détail,

en permettant la mesure de la température de l'air au moyen d'un thermomètre aisément visible.

Article 3
Les États membres mettent en vigueur les dispositions législatives, réglementaires et administratives nécessaires pour se conformer à la présente directive au plus tard le 31 juillet 1993, sauf pour les transports par chemin de fer, pour lesquels la date d'application sera décidée ultérieurement.
Ils en informent immédiatement la Commission.
Lorsque les États membres adoptent ces dispositions, celles-ci contiennent une référence à la présente directive ou sont accompagnées d'une telle référence lors de leur publication officielle. Les modalités de cette référence sont arrêtées par les États membres.
Article 4
Les États membres sont destinataires de la présente directive. Fait à Bruxelles, le 13 janvier 1992. Par la Commission
Martin BANGEMANN
Vice-président
(1) JO no L 40 du 11. 2. 1989, p. 34.

Directive 92/2/CEE de la Commission, du 13 janvier 1992, portant fixation des modalités relatives au prélèvement d'échantillons et de la méthode d'analyse communautaire pour le contrôle des températures des aliments surgelés destinés à l'alimentation humaine
Journal officiel n° L 034 du 11/02/1992 p. 0030 - 0033
Edition spéciale finnoise ....: Chapitre 15 Tome 11 p. 6
Edition spéciale suédoise ....: Chapitre 15 Tome 11 p. 6

Texte:

DIRECTIVE 92/2/CEE DE LA COMMISSION du 13 janvier 1992 portant fixation des modalités relatives au prélèvement d'échantillons et de la méthode d'analyse communautaire pour le contrôle des températures des aliments surgelés destinés à l'alimentation humaine
LA COMMISSION DES COMMUNAUTÉS EUROPÉENNES,
vu le traité instituant la Communauté économique européenne,
vu la directive 89/108/CEE du Conseil, du 21 décembre 1988, relative au rapprochement des législations des États membres concernant les aliments surgelés destinés à l'alimentation humaine (1), et notamment son article 11,
considérant que la température des aliments surgelés doit être contrôlée;
considérant que les États membres peuvent utiliser d'autres méthodes scientifiquement valables à condition que la libre circulation des aliments surgelés n'en soit pas entravée et les règles de concurrence faussées;
considérant que, après vérification des enregistrements des températures de l'air conformément à la procédure de la directive 92/1/CEE de la Commission, du 13 janvier 1992, relative au contrôle des températures dans les moyens de transport et les locaux

d'entreposage et de stockage des aliments surgelés destinés à l'alimentation humaine (2), et compte tenu des températures visées à l'article 5 de la directive 89/108/CEE, les États membres peuvent recourir à un test destructif, si un doute raisonnable subsiste;
considérant que l'inspection est conforme à la directive 89/397/CEE du Conseil, du 14 juin 1989, relative au contrôle officiel des denrées alimentaires (3), et principalement à ses articles 4 et 14;
considérant que les dispositions prévues dans la présente directive sont conformes à l'avis du comité permanent des denrées alimentaires,
A ARRÊTÉ LA PRÉSENTE DIRECTIVE:
Article premier
1. Les États membres prescrivent que les modalités relatives au prélèvement des échantillons et la méthode d'analyse nécessaires au contrôle officiel de la température des aliments surgelés soient effectuées conformément aux dispositions décrites respectivement aux annexes I et II de la présente directive.
2. Toutefois, la méthode d'analyse décrite à l'annexe II de la présente directive peut être utilisée uniquement dans les cas où l'inspection laisse supposer un dépassement des seuils de températures prévus dans la directive 89/108/CEE relative au rapprochement des législations des États membres concernant les aliments surgelés destinés à l'alimentation humaine.
Article 2
L'introduction des dispositions prévues à l'article 1er paragraphe 1 ne fait pas obstacle à ce que les États membres utilisent d'autres méthodes scientifiquement valables à condition que la libre circulation des aliments surgelés reconnus conformes à la réglementation en application de la méthode décrite à l'annexe II de la présente directive n'en soit pas entravée.
Toutefois, en cas de divergence des résultats, ceux obtenus au moyen de la méthode communautaire sont déterminants.
Article 3
1. Les États membres mettent en vigueur les dispositions législatives, réglementaires et administratives nécessaires pour se conformer à la présente directive au plus tard le 31 juillet 1993.
Ils en informent immédiatement la Commission.
2. Lorsque les États membres adoptent ces dispositions, celles-ci contiennent une référence à la présente directive ou sont accompagnées d'une telle référence lors de leur publication officielle. Les modalités de cette référence sont arrêtées par les États membres.
Article 4
Les États membres sont destinataires de la présente directive. Fait à Bruxelles, le 13 janvier 1992. Par la Commission
Martin BANGEMANN
Vice-président
(1) JO no L 40 du 11. 2. 1989, p. 34. (2) Voir page 28 du présent Journal officiel. (3) JO no L 186 du 30. 6. 1989, p. 23.

ANNEXE I
MODALITÉS RELATIVES AU PRÉLÈVEMENT D'ÉCHANTILLONS POUR LE CONTRÔLE DES TEMPÉRATURES DES ALIMENTS SURGELÉS DESTINÉS À L'ALIMENTATION HUMAINE
1. Choix des paquets à contrôler

Choisir les paquets à contrôler de sorte et en quantité telle que leur température soit représentative des points les plus chauds du stock examiné.

1.1. Entrepôts frigorifiques

Choisir les échantillons à contrôler en plusieurs points critiques de l'entrepôt, par exemple: près des portes (en haut et en bas), près du centre de l'entrepôt (en haut et en bas) et à la reprise d'air des évaporateurs.

Tenir compte de la durée de séjour des produits dans l'entrepôt (pour la stabilisation des températures).

1.2. Transport

a) S'il y a lieu de prélever des échantillons pendant le transport:

Prélever en haut et en bas du chargement contigu à l'arête d'ouverture de chaque porte ou paire de portes.

b) Échantillonnage durant le déchargement

Choisir 4 échantillons parmi les points critiques énumérés ci-après:
- en haut et en bas du chargement contigu à l'arête d'ouverture des portes,
- en haut du chargement aux coins arrière (le plus loin possible du groupe frigorifique),
- au centre du chargement,
- au centre de la surface frontale du chargement (le plus près possible du groupe frigorifique),
- aux coins inférieurs et supérieurs de la surface frontale du chargement (le plus près possible du groupe frigorifique).

1.3. Meubles de vente au détail

Prélever un échantillon aux 3 points les plus chauds du meuble de vente utilisé.

ANNEXE II

MÉTHODE POUR MESURER LA TEMPÉRATURE DES ALIMENTS SURGELÉS DESTINÉS À L'ALIMENTATION HUMAINE

1. Champ d'application

Conformément à l'article 1er paragraphe 2 premier tiret de la directive 89/108/CEE, la température du produit surgelé dans tous ses points, après stabilisation thermique, doit être à tout moment maintenue à des valeurs égales ou inférieures à 18 °C moyennant de faibles fluctuations telles que précisées à l'article 5 de cette même directive.

2. Principe

La mesure de la température des denrées surgelées consiste à mesurer de façon exacte à l'aide d'un matériel approprié la température sur un échantillon prélevé conformément à l'annexe I.

3. Définition de la température

On entend par « température », la température mesurée à l'emplacement spécifié par la partie thermosensible de l'instrument ou du dispositif de mesure.

4. Appareillage

4.1. Instruments de mesure thermométrique

4.2. Instrument de perçage du produit

On utilisera un instrument métallique pointu, par exemple, un poinçon à glace ou une perceuse à main mécanique ou une vrille facile à nettoyer.

5. Spécification générale des instruments de mesure de la température

Les instruments de mesure de la température doivent répondre aux spécifications suivantes:

a) le temps de réponse doit, en trois minutes, atteindre 90 % de la différence entre la lecture initiale et la lecture finale;

b) l'instrument doit être exact à ± 0,5 °C dans l'intervalle allant de 20 °C à + 30 °C;
c) l'exactitude de la mesure ne doit pas être affectée de plus de + 0,3 °C par la température du milieu ambiant entre 20 °C et + 30 °C;
d) les divisions de l'échelle de l'instrument doivent être de 0,1 °C au moins;
e) l'exactitude de l'instrument doit être vérifiée à intervalles réguliers;
f) l'instrument doit être muni d'un certificat d'étalonnage valide;
g) l'instrument doit pouvoir être nettoyé facilement;
h) la partie thermosensible du dispositif de mesure doit être conçue de façon à assurer un bon contact thermique avec le produit;
i) le matériel électrique doit être protégé des effets indésirables dus à la condensation de l'humidité.

6. Mode opératoire

6.1. Pré refroidissement des instruments

Procéder au pré refroidissement de l'élément thermosensible et de l'instrument de perçage avant de mesurer la température du produit.

La méthode de pré refroidissement consiste à stabiliser thermiquement l'appareillage à une température aussi proche que possible de la température du produit.

6.2. Préparation de l'échantillon

Les éléments thermosensibles ne sont généralement pas conçus pour pénétrer un produit surgelé. Il est donc nécessaire au préalable de faire un trou à l'aide de l'instrument de perçage pour y insérer l'élément thermosensible.

Le diamètre du trou doit être à peine plus grand que celui de la partie thermosensible et sa profondeur dépend du type de produit à contrôler (voir 6.3).

6.3. Mesure de la température interne du produit

L'échantillon et l'appareillage doivent être maintenus dans l'environnement réfrigé choisi pour le contrôle.

Opérer comme suit:
a) lorsque les dimensions du produit le permettent, insérer l'élément thermosensible jusqu'à une profondeur située à 2,5 cm de la surface du produit;
b) lorsque les dimensions du produit ne le permettent pas, insérer l'élément thermosensible à une profondeur correspondant à trois à quatre fois le diamètre de l'élément thermosensible;
c) certains produits, en raison de leur dimension ou de leur nature (par exemple petits pois), ne peuvent être percés pour permettre la mesure de la température interne.
Dans ce cas, la température interne du paquet contenant ces produits est déterminée en insérant un élément thermosensible, approprié et pré refroidi, au centre du paquet pour mesurer la « température au contact » du produit surgelé;
d) lire la température indiquée quand elle a atteint une valeur stabilisée.

FRESH VEGETABLES AND FRESH FRUIT

Commodity	Shelf Life (days)	Recommended Temperature Settings °F	Recommended Temperature Settings °C	Recommended Fresh Air Exchange (CFM)	Benefit from Modified or Controlled Atmosphere	Acceptable Receiving Pulp Temperature Range °F	Acceptable Receiving Pulp Temperature Range °C	Highest Freezing Point °F	Highest Freezing Point °C
Acerola - Barbados Cherry	50-55	34	1.1	closed	none	32-45	0 to 4.4		
Amaranth Leaves	10-14	34	1.1	45	none	32-34	0 to 1.1		
Anise	14-21	32-36	0-2.2	closed	none	32-34	0 to 1.1		
Apples, Granny Smith	90-240	33	0.6	20	excellent	30-44	-1.1 to 6.7	29.3	-1.5
Apples, Chilling sensitive	40-45	40	4.4	15		36-50	2.2 to 10	29.3	-1.5
Apricots	7-14	33	0.6	30	good	31-46	-0.6 to 7.8	30.5	-0.8
Aravi - Yams	90-115	56-60	13.3-15.6	closed	none/slight	56-60	13.3 to 15.6	30	-1.1
Artichokes, Globe	14-21	32-33	0-0.6	45	good	32-41	0 to 5	29.9	-1.2
Artichokes, Jerusalem	100-150	33-34	0.6-1.1	15	none	30-41	-1.1 to 5	27.5	-2.5
Asparagus, Green	14-21	33-36	0.5-2.2	45	good	35-41	1.7 to 5	30.9	-0.6
Atemoya	28-42	55	12.8	closed	none	55-60	12.8 to 15.6		
Avocados, Mature-green	21-28	41-55	5-12.7	30	good	40-60	4.4 to 15.6	31.5	-0.3
Avocados, Ripe Avocados	14-21	36-40	2.2-4.4	30	good	40-60	4.4 to 15.6	31.5	-0.3
Babaco	7-21	45	7.2	closed	none	45-50	7.2 to 10		
Bananas	7-28	56-57	13.3-13.9	15	excellent	57-65	13.9 to 18.3	30.6	-0.8
Bean Sprouts - Mung Beans	7-9	32	0	45	none	32-44	0 to 6.7		
Beans, Lima, Shelled	7-10	37-39	2.8-3.9	45	none	37-45	2.8 to 7.2	31	-0.6
Beans, Lima, Unshelled	7-10	41-43	5-6.1	45	none	37-45	2.8 to 7.2	31	-0.6
Beans, Snap or Green	10-14	38-40	3.3-4.4	30	fair	36-42	2.2 to 5.5	30.7	-0.7
Beans, Winged	28	50	10	closed	none	50-60	10 to 15.6		
Beets, Bunch	10-14	34	1.1	15	slight	32-41	0 to 5	31.3	-0.4
Beets, Root	90-190	34	1.1	closed	slight	31-41	-0.6 to 5	30.3	-0.9
Belgian Endive - Witloof Chicory	7-14	34-36	1.1-2.2	50	good	32-41	0 to 5		
Blackberries	7-3	33	0.6	15	very good	31-41	-0.6 to 5	30.6	-0.8
Blueberries	7-14	33	0.6	15	very good	31-41	-0.6 to 5	29.7	-1.3
Bok Choy	30-60	32-34	0-1.1	30	good	31-41	-0.6 to 5		
Breadfruit	14-40	55-57	12.8-13.9	45	good	54-55	12.2 to 18.3		
Broccoli	7-14	32-33	0-0.6	30	good	31-41	-0.6 to 5	30.9	-0.6
Brussels Sprouts	21-35	32-33	0-0.6	30	good	31-41	-0.6 to 5	30.5	-0.9
Cabbage, Chinese - Napa Cabbage	30-60	32-36	0-2.2	15	good	31-41	-0.6 to 5	30.4	-0.9
Cabbage, Green (Early)	21-42	32-36	0-2.2	15	good	31-41	-0.6 to 5	30.4	-0.9
Cabbage, Green (Late)	90-180	32-36	0-2.2	15	good	31-41	-0.6 to 5	30.4	-0.9
Cabbage, Red (Early)	21-42	32-36	0-2.2	15	good	31-41	-0.6 to 5	30.4	-0.9

Commodity									
Cabbage, Red (Late)	90-180	32-36	0-2.2	15	good	31-41	-0.6 to 5	30.4	-0.9
Cactus Pear	14-35	43-46	6.1-7.8	15	good	41-50	5 to 10		
Cactus Steams - Nopales	14-21	41-50	40091	closed	none	36-55	2.2 to 12.8		
Calabaza	60-90	50	10	15	none	50-55	10 to 12.8		
Calamondin	14	48-50	8.9-10	closed	none	48-55	8.9 to 12.8		
Canistel	21	55	12.8	closed	none	55-60	12.8 to 15.5		
Cantaloupe	12-21	37-41	2.8-5	30	fair	36-50	2.2 to 10	29.9	-1.2
Carambola	28-42	41	5	15	none	41-50	5 to 10		
Carrots, Topped	28-180	32-41	0.5	15	slight	30-44	-1.1 to 6.7	29.5	-1.4
Cauliflower	21	33	0.6	30	fair	31-41	-0.6 to 5	30.6	-0.8
Celeriac	180-240	33-34	0.6-1.1	15	slight	31-41	-0.6 to 5	30.3	-0.9
Celery	35-49	33	0.6	15	fair	32-41	0-5	31.1	-0.5
Chard	10-14	34	1.1	45	none	32-41	0-5	31.9	-0.1
Chayote	28-42	45	7.2	closed	none	32-55	0-12.8	31	-0.6
Cherries, Sour	3-7	32	0	15	very good	29-44	-1.7 to 6.7	29	-1.7
Cherries, Sweet	14-21	31	-0.6	15	very good	29-44	-1.7 to 6.7	28.8	-1.8
Chicory	14-28	33-34	0.6-1.1	45	none	31-41	-0.6 to 5		
Chives	14-21	33-34	0.6-1.1	45	none	32-41	0-5		
Clementines	14-21	40	4.4	45	none	38-45	3.3 to 7.2		
Coconuts	30-60	32-34	0-1.1	closed	none	31-46	-0.6 to 7.8	30.4	-0.9
Collards	10-14	33-34	0.6-1.1	45	none	31-41	-0.6 to 5	30.6	-0.8
Corn, Sweet	7	33-34	0.6-1.1	45	good	31-41	-0.6 to 5	30.9	-0.6
Cranberries	60-120	37-40	2.8-4.4	15	slight	34-45	1.1 to 7.2	30.4	-0.9
Cucumbers	10-14	50-55	10-12.7	15	fair	45-60	7.2-15.6	30.1	-1.1
Currants	7-14	33	0.6	15	none	31-41	-0.6 to 5	30.2	-1.0
Daikon - Black Radish	60-120	34	1.1	15	none	31-41	-0.6 to 5		
Dasheen - Taro & Eddo	42-140	50	10	closed	none/slight	45-55	7.2-12.8		
Dates	180-365	32	0	15	none	32-46	0 to 7.8	3.7	-15.7
Dewberries	2-3	33	0.6	15	none	31-41	-0.6 to 5	29.7	-1.3
Dragon Fruits	28-35	45	7.2	15	No published information	45-55	7.2 to 12.8	N/A	
Dried Fruit & Nuts	6 months and up	32-50	0-10	closed	excellent	32-70	0 to 21.1		
Durian, Mature unripe	21-35	55-59	12.8-15	30	good	39-50	3.9 to 10		
Durian, Ripe	7-14	55-59	12.8-15	30	good	39-50	3.9 to 10		
Eggplant	10-14	50-54	10-12.2	15	fair	45-65	7.2-18.3	30.6	-0.8
Elderberries	5-14	33	0.6	15	none	31-41	-0.6 to 5	30	-1.1
Endive - Escarole	14-28	34	1.1	30	good	32-41	0-5	31.9	-0.1
Feijoa	28-35	41	5	closed	none	41-50	5 to 10		
Figs	7-14	32	0	15	good	28-44	-2.2 to 6.7	27.6	-2.4
Garlic	90-210	31	-0.6	15	good	31-46	-0.6 to 7.8	below 30	-1.1
Ginger	90-180	56	13.3	15	none/slight	50-66	10 to 18.9		

Commodity									
Golden & Red Delicious	90-240	32	0	30	excellent	30-44	-1.1 to 6.7	29	-1.7
Gooseberries	14-28	33	0.6	15	none	31-41	-0.6 to 5	30	-1.1
Grapefruit, Arizona/ California/	28-42	58	14.4	15	fair	48-60	8.9 to 15.6	30	-1.1
Grapefruit, Florida/Humid areas	28-42	48-60	8.9-15.6	15	fair	48-60	8.9 to 15.6	30	-1.1
Grapes, Table	56-180	31	-0.6	15	good	30-42	-1.1 to 5.6	28.1	-2.2
Greens, Leafy	10-14	32-33	0-0.6	30	none	32-41	0 to 5	31.7	-0.2
Guavas	14-21	46-50	7.8-10	30	slight	41-55	5 to 12.8		
Horseradish	300-351	34	1.1	closed	none/slight	30-39	-1.1 to 3.9	28.7	-1.8
Jackfruit	14-21	56	13.3	45	No published information	56-80	13.3 to 26.7		
Jicama	30-60	55	12.7	closed	none	55-65	12.8 to 18.3		
Jujubes	60-90	38-50	3.3-10	30	No published information	36-55	2.2 to 12.8		
Kale	10-14	33	0.6	45	none	32-41	0 to 5	31.1	-0.5
Kiwanus	180	50	10	45	none	50-60	10 to 15.6		
Kiwifruit - Chinese Gooseberry	90-150	33	0.6	15	excellent	31-39	-0.6 to 3.9	29.3	-1.5
Kohlrabi, Topped	60-90	33-34	0.6-1.1	15	none/slight	31-41	-0.6 to 5	30.2	-1.0
Kumquats	14-28	39	3.9	closed	none	34-45	1.1 to 7.2		
Langsat	10-15	52	11.1	closed	No published information	52-60	11.1 to 15.6		
Leeks, Green	60-90	32	0	30	good	32-41	0 to 5	30.7	-0.7
Lemons	30-180	54-57	12.2-13.9	15	good	45-60	7.2 to 15.6	29.4	-1.4
Lettuce, Crisphead or Iceberg	12-14	33	0.6	15	good	32-41	0 to 5	31.7	-0.2
Lettuce, Romaine or Cos	14-21	33	0.6	15	good	32-41	0 to 5	31.7	-0.2
Limes	42-56	50-55	10-12.8	15	Ca help to keep it green				
Loganberries	2-3	33	0.6	15	none	31-41	-0.6 to 5	29.7	-1.3
Longan	14-28	36-41	2.2-5	30	good	35-45	1.7 to 7.2		
Loquat	14-28	33	0.6	15	No published information	32-41	0 to 5		
Lychee	21-35	35-50	1.7-10	15	good	34-50	1.1 to 10		
Malanga - Cocoyam, Yautia	42	50	10	closed	none/slight	55-66	12.8 to 18.9		
Mangoes, Mature-green	21-28	55	12.8	30	good	50-55	10 to 12.8	30.4	-0.9
Mangoes, Partially-ripe & Ripe	14-21	50	10	30	good	45-55	7.2 to 12.8	30.4	-0.9
Mangosteens	14-28	56	13.3	30	none	56-65	13.3 to 18.3		
Manioc - Cassava, Yuca	21-35	41	5	closed	none/slight	38-45	3.3 to 7.2		
Mature-green	14-28	55	12.8	15	good	45-60	7.2 to 15.6	30.4	-0.9
Melons, Bitter	14-21	54-55	12.2-12.8	closed	none	54-60	12.2 to 15.6		
Melons, Casaba	21-28	50	10	45	fair	50-65	10 to 18.3	30.1	-1.1
Melons, Crenshaw	14-21	50	10	45	good	45-60	7.2 to 15.6	30.1	-1.1
Melons, Honeydew	21-28	45	7.2	15	good	41-60	5 to 15.6	30.9	-0.6
Melons, Persian	14-21	50	10	45	good	45-65	7.2 to 18.3	30.6	-0.8
Mushrooms	12-17	33-34	0.6-1.1	45	fair	31-41	-0.6 to 5	30.4	-0.9
Nectarines & Peaches	14-28	32	0	15	good	30-36	-1.1 to 2.2	30.4	-0.9
Okra	7-14	45-50	7.2-10	15	fair	45-55	7.2 to 12.8	28.7	-1.8

FRESH MEAT

Commodity	Post-harvest life (days)	Recommended Temperature Settings		Recommended Fresh Air Exchange (CFH)	Benefit from Modified or Controlled Atmosphere	Acceptable Receiving Pulp Temperature Range		Highest Freezing Point	
		°F	°C			°F	°C	°F	°C
Beef	14-65	28-32	-2.2 to 0	closed	excellent	28-33	-2.2 to 0.6	28.4	-2.0
Buffalo	14-65	28-32	-2.2 to 0	closed	excellent	28-33	-2.2 to 0.6	28.4	-2.0
Horse	14-65	28-32	-2.2 to 0	closed	excellent	28-33	-2.2 to 0.6	28.4	-2.0
Lamb	14-65	28-32	-2.2 to 0	closed	excellent	28-33	-2.2 to 0.6	28.4	-2.0
Pork	14-65	28-32	-2.2 to 0	closed	excellent	28-33	-2.2 to 0.6	28.4	-2.0
Poultry	14-65	28-32	-2.2 to 0	closed	excellent	28-33	-2.2 to 0.6	28.4	-2.8
Poultry, Ice Packed	14-65	33	0.6	closed	excellent	27-33	-2.8 to 0.6	27	-2.8
Veal	14-65	28-32	-2.2 to 0	closed	excellent	28-33	-2.2 to 0.6	28.4	-2.0

PROCESSED MEAT

Commodity	Post-harvest life (days)	Recommended Temperature Settings		Recommended Fresh Air Exchange (CFH)	Benefit from Modified or Controlled Atmosphere	Acceptable Receiving Pulp Temperature Range		Highest Freezing Point	
		°F	°C			°F	°C	°F	°C
Bacon (slabs or sliced)	21-28	29-32	-1.7 to 0	closed	good	27-41	-2.8 to 5	29	-1.7
Beef, Dried	21-28	29-32	-1.7 to 0	closed	good	27-41	-2.8 to 5	29	-1.7
Beef, Sliced	21-28	41	5	closed	good	29-41	-1.6 to 5	29	-1.7
Cold Cuts	21-28	29-32	-1.7 to 0	closed	good	27-41	-2.8 to 5	29	-1.7
Franks	21-28	29-32	-1.7 to 0	closed	good	27-41	-2.8 to 5	29	-1.7
Hams, Baked	21-28	29-32	-1.7 to 0	closed	good	28-41	-2.2 to 5	29	-1.7
Hams, Boiled	21-28	29-32	-1.7 to 0	closed	good	27-41	-2.8 to 5	29	-1.7
Hams, Smoked	21-28	27	-2.8	closed	good	27-41	-2.8 to 5	29	-1.7
Sausages	21-28	27	-2.8	closed	good	27-41	-2.8 to 5	29	-1.7

Scorzonera - Black Salsify	180	33-34	0.6-1.1	15	good	32-41	0 to 5		
Shallots	21-28	32	0	30	good	31-41	-0.6 to 5		
Soursop	21	59	15	60	none	59-66	15 to 20		
Spinach	10-14	33-34	0.6-1.1	45	fair	32-41	0 to 5	31.5	-0.3
Starfruit (Carambola)	28-42	42-50	5.6-10	15	No published information	40-55	4.4 to 12.8		
Strawberries	5-10	33	0.6	15	excellent	31-41	-0.6 to 5	30.6	-0.8
Summer Squash	10-14	41-50	48091	15	none/slight	41-55	5 to 12.8	31.1	-0.5
Swiss Chard	30-60	33-34	0.6-1.1	30	good	31-34	-0.6 to 1.1		
Tamarilloes	36-70	37-39	2.8-3.9	30	No published information	37-50	2.8 to 10		
Tamarinds	21-28	45	7.2	closed	none	45-60	7.2 to 15.6		
Tangerine/Mandarin	14-42	41-46	5-7.8	15	none/slight	38-50	3.3 to 10	30.1	-1.1
Tomatilloes	21	55	12.8	closed	none	55-60	12.8 to 15.6		
Tomato, Light Red	10-14	50-55	10-12.8	15	good	50-65	10-18.3	30	-1.1
Tomato, Mature-green	14-21	55-60	12.8-15.5	15	good	50-65	10-18.3	30	-1.1
Uglifruit	14-21	40	4.4	closed	none	40-50	4.4 to 10	30.1	-1.1
Water Chestnuts	100-128	33-34	0.6-1.1	15	none	32-50	0 to 10		
Watercress	14-21	33	0.6	45	none	32-41	0 to 5	31.5	-0.3
Watermelons, Seeded or Seedless	14-21	50-59	42.278	15	none/slight	50-60	10 to 18.3	30.9	-0.6

FRESH MEAT

Commodity	Post-harvest life (days)	Recommended Temperature Settings		Recommended Sed Fresh Air Exchange (CFM)	Benefit from Modified or Controlled Atmosphere	Acceptable Receiving Pulp Temperature Range		Highest Freezing Point	
		°F	°C			°F	°C	°F	°C
Beef	14-65	28-32	-2.2 to 0	closed	excellent	28-33	-2.2 to 0.6	28.4	-2.0
Buffalo	14-65	28-32	-2.2 to 0	closed	excellent	28-33	-2.2 to 0.6	28.4	-2.0
Horse	14-65	28-32	-2.2 to 0	closed	excellent	28-33	-2.2 to 0.6	28.4	-2.0
Lamb	14-65	28-32	-2.2 to 0	closed	excellent	28-33	-2.2 to 0.6	28.4	-2.0
Pork	14-65	28-32	-2.2 to 0	closed	excellent	28-33	-2.2 to 0.6	28.4	-2.0
Poultry	14-65	28-32	-2.2 to 0	closed	excellent	28-33	-2.2 to 0.6	28.4	-2.0
Poultry, Ice Packed	14-65	31	0.6	closed	excellent	27-33	-2.8 to 0.6	27	-2.8
Veal	14-65	28-32	-2.2 to 0	closed	excellent	28-33	-2.2 to 0.6	28.4	-2.0

PROCESSED MEAT

Commodity	Post-harvest life (days)	Recommended Temperature Settings		Recommended Sed Fresh Air Exchange (CFM)	Benefit from Modified or Controlled Atmosphere	Acceptable Receiving Pulp Temperature Range		Highest Freezing Point	
		°F	°C			°F	°C	°F	°C
Bacon (slabs or sliced)	21-28	29-32	-1.7 to 0	closed	good	27-41	-2.8 to 5	29	-1.7
Beef, Dried	21-28	29-32	-1.7 to 0	closed	good	27-41	-2.8 to 5	29	-1.7
Beef, Sliced	21-28	41	5	closed	good	29-41	1.6 to 5	29	-1.7
Cold Cuts	21-28	29-32	-1.7 to 0	closed	good	27-41	-2.8 to 5	29	-1.7
Franks	21-28	29-32	-1.7 to 0	closed	good	27-41	-2.8 to 5	29	-1.7
Hams, Baked	21-28	29-32	-1.7 to 0	closed	good	28-41	-2.2 to 5	29	-1.7
Hams, Boiled	21-28	29-32	-1.7 to 0	closed	good	27-41	-2.8 to 5	29	-1.7
Hams, Smoked	21-28	27	-2.8	closed	good	27-41	-2.8 to 5	29	-1.7
Sausages	21-28	27	-2.8	closed	good	27-41	-2.8 to 5	29	-1.7

DAIRY

Commodity	Post-harvest life (days)	Recommended Temperature Settings		Recommended Fresh Air Exchange (CFM)	Benefit from Modified or Controlled Atmosphere	Acceptable Receiving Pulp Temperature Range		Highest Freezing Point	
		°F	°C			°F	°C	°F	°C
Butter, Fresh		34	1.1	closed		38-48	3.3 to 8.9		
Butter, Frozen		0	-17.8	closed		0-5	-17.8 to -15		
Cheese Foods		45	7.2	closed		40-50	4.4 to 10	29	-1.7
Cheeses, Natural, Cheddar, Cottage, Roquefort, Swiss		33-34	0.6-1.1	closed		30-39	-1.1 to 3.9	29	-1.7
Cheeses, Processed, American, Brick		45	7.2	closed		30-50	-1.1 to 10	29	-1.7
Eggs	180	34	1.1	closed	32-45	0 to 7.2	31	-0.6	
Ice Cream		-15	-26.1	closed		0 or below	-17.8 or below		
Margarine		0	-17.8	closed		35-40	1.7 to 4.4		
Milk		33-34	0.6-1.1	closed		32-39	0-3.9		

FROZEN MEAT

Commodity	Post-harvest life (days)	Recommended Temperature Settings		Recommended Fresh Air Exchange (CFM)	Benefit from Modified or Controlled Atmosphere	Acceptable Receiving Pulp Temperature Range		Highest Freezing Point	
		°F	°C			°F	°C	°F	°C
Beef		0	-17.8	closed		0-15	-17.8 to -9.4		
Buffalo		0	-17.8	closed		0-15	-17.8 to -9.4		
Horse		0	-17.8	closed		0-15	-17.8 to -9.4		
Lamb		0	-17.8	closed		0-15	-17.8 to -9.4		
Pork		0	-17.8	closed		0-15	-17.8 to -9.4		
Poultry		0	-17.8	closed		0-15	-17.8 to -9.4		
Veal		0	-17.8	closed		0-15	-17.8 to -9.4		

FROZEN SEAFOOD

Commodity	Post-harvest life (days)	Recommended Temperature Settings		Recommended Fresh Air Exchange (CFM)	Benefit from Modified or Controlled Atmosphere	Acceptable Receiving Pulp Temperature Range		Highest Freezing Point	
		°F	°C			°F	°C	°F	°C
Crabs	120-360	0	-17.8	closed		0-15	-17.8 to -9.4		
Fish, Fatty, Herring, Mackerel	120-240	0 to -5	-17.8 to -20.6	closed		0-15	-17.8 to -9.4		
Fish, Lean - Cod, Flounder, Pomfret	240-360	0	-17.8	closed		0-15	-17.8 to -9.4		
Lobsters	120-360	0	-17.8	closed		0-15	-17.8 to -9.4		
Scallops	120-360	0	-17.8	closed		0-15	-17.8 to -9.4		
Shrimp	120-360	0	-17.8	closed		0-15	-17.8 to -9.4		
Surimi	120-360	-15	-26.1	closed		0 or below	-17.8 or below		

CUT FLOWERS

Commodity	Post-harvest life (days)	Recommended Temperature Settings		Recommended Fresh Air Exchange (CFM)	Benefit from Modified or Controlled Atmosphere	Acceptable Receiving Pulp Temperature Range		Highest Freezing Point	
		°F	°C			°F	°C	°F	°C
Alstroemeria	14-21	33-38	0.6-2.2	15	slight	32-38	0 to 3.3	31	-0.6
Anthurium	14-21	55	12.8	15	good	32-38	0 to 3.3	31.2	-0.4
Carnation	14-28	34	1.1	15	No published information	32-38	0 to 3.3	31	-0.6
Christmas Trees	30+	32	0	15	No published information	30-60	-1.1 to 15.6	N/A	
Chrysanthemum	21-28	32	0	15	none	32-38	0 to 3.3	30	-1.1
Flower Bulbs, Crocus/Daffodil/Iris, Tulip	42+	63	17.2	25	No published information				
Flowering & Foliage Plants	42+	59	15	15	No published information				
Freesia	7	36	2.2	15	none	32-38	0 to 3.3	31	-0.6
Ferns	30+	36	2.2	15	No published information	32-38	0 to 3.3	N/A	
Lisianthus	N/A	33	0.6	15	No published information	32-38	0 to 3.3	31	-0.6

Le Monde

08 12 2008

De la Martinique à l'Essonne, itinéraire d'une banane

Georges Baron engloutit un dernier morceau. Ce retraité résidant à Evry vient de manger sa banane quotidienne. Il l'a achetée le matin même à l'hypermarché du centre commercial Evry 2, mettant un terme à une vie de fruit de trente-deux semaines et à un itinéraire de 7 329 kilomètres.

L'histoire de la banane de Georges Baron commence curieusement dans le Languedoc. Les nouvelles pousses plantées en Martinique après les dégâts provoqués par le cyclone Dean, en août 2007, proviennent en effet de Saint-Mathieu-de-Tréviers, dans l'Hérault, où est installée l'entreprise Vitropic. *"Nous fournissons la semence"*, résume Yvan Mathieu, son directeur. Mais l'honneur antillais est sauf : Vitropic s'est approvisionné en Martinique pour cloner des bananiers. L'avion qui convoie ces semences obtenues en laboratoire (des "vitroplants") vers l'aéroport Martinique-Aimé-Césaire ne fait donc que leur offrir un retour au pays natal...

Les colis sont alors déposés chez Protéin, entreprise d'élevage de vitroplants sous serre installée à Saint-Esprit, dans le département ultramarin. *"La banane est un des produits agricoles les plus travaillés"*, explique Stanislas de Jaham, son directeur. Trempés, désinfectés, décortiqués, détachés et triés par des ouvrières aux doigts agiles, les plants sont installés sous une serre de sevrage, à l'abri des parasites.

Au bout de trois mois, un camion les transporte jusqu'aux plantations, après vérification de l'absence de maladie virale. L'une de leurs destinations est la plantation agricole de Sigy, au Vauclin, dans le sud-ouest de l'île. Charles Rimbaud, son propriétaire, met en avant ses préoccupations sociales et environnementales dans un secteur qui n'a pas toujours considéré celles-ci comme prioritaires. *"Ceux qui ne les partagent pas disparaîtront"*, prédit-il.

Là débute l'existence martiniquaise d'un bananier. Les plantations s'échelonnent tout au long de l'année. Au bout de deux mois, les premiers oeilletons, selon les termes employés par les professionnels, sortent. Un seul, le plus costaud, est conservé. *"C'est comme la mère qui meurt et le fils qui prend la relève"*, explique Roger Sioul, oeilletonneur. A cinq mois, une fleur apparaît et le futur régime se déploie. Un bananier ne donne qu'un régime de 170 à 220 fruits par cycle.

Arrive le moment fatidique : la coupe. *"C'est un vrai travail d'équipe, qui impose beaucoup de précautions,* indique Joseph Pivert, coupeur. *Il ne faut pas abîmer la banane et ne pas blesser le tireur."* Les régimes sont ensuite transportés au hangar de conditionnement. Là, en moins d'une heure, les bananes sont "épistillées", découpées, rincées, triées, classées, pesées, lavées, douchées, étiquetées, emballées et installées sur des palettes. Chaque carton reçoit les indications indispensables à sa traçabilité.

Les palettes sont alors placées dans un conteneur réfrigéré, conduit au terminal de Fort-de-France. Les fruits y resteront à 13 °C, ce qui ralentit leur maturation, pendant une petite quinzaine de jours. Le temps qu'arrive l'un des quatre cargos de la Compagnie maritime d'affrètement-Compagnie générale maritime (CMA-CGM) qui transportent les bananes antillaises.

Cette semaine-là, le *Fort-Sainte-Marie* embarque la cargaison de bananes, qui représente 80 % de son fret. Avec ses 200 mètres de long, il peut transporter plus de mille conteneurs de 40 pieds (environ douze mètres de long) qui s'empilent sur douze niveaux, moitié en cale, moitié sur le pont. Entre Fort-de-France et Dunkerque, de quai à quai, le géant des mers va parcourir 6 952 kilomètres.

Après une traversée sans histoires, au bout de la huitième nuit, la métropole est en vue. Depuis une dizaine d'années, Dunkerque est le port d'accueil de la banane antillaise. Les opérations de déchargement ne traînent pas. Les conteneurs sont transférés à l'entrepôt de Dunfresh, situé... route des Caraïbes. Manuel Bencteux, directeur d'exploitation de l'entreprise, parle de son métier avec concision : *"Je rentre de la banane, je ressors de la banane."* Dans la réalité, c'est un peu plus compliqué. Sur 65 mètres (la distance entre le conteneur qu'on vide et le poids lourd que l'on remplit), se déroulent les opérations de vérification, de manutention, de tri des bananes par palpation (les trop mûres sont expulsées), d'encodage, de stockage et de contrôle.

RÉVEIL EN SURSAUT

Dans le même temps, l'administration et la logistique veillent à ce que les marchandises correspondent bien aux commandes des clients nationaux et européens, à la bonne arrivée du transporteur qui ira chez le "mûrisseur" et à la conformité du bon de chargement. Temps de transit moyen d'une palette : trente minutes. *"De l'orfèvrerie"*, constate, admiratif, un client.

Un poids lourd de 40 tonnes emporte les bananes, dont celles venues du Vauclin, jusqu'au Marché d'intérêt national de Rungis, au sud de Paris. Les fruits vont rester chez un mûrisseur près d'une semaine. Stockée à une température comprise entre 16 °C et 18 °C, la banane ne mûrit que si elle se réveille en sursaut de son hibernation. De l'éthylène, un gaz naturel, est donc diffusé dans les chambres de stockage, provoquant une réaction biochimique qui génère une forte augmentation de la respiration du fruit : l'amidon se transforme en sucre, les tissus s'amollissent, la chlorophylle de la peau est détruite, la banane devient jaune.

En sortant de leur chambre, les bananes sont emballées, mises en sachets ou en barquettes, étiquetées avec leur prix et leur poids. Après des mois de vie sous les tropiques et des semaines passées sous des emballages divers, les voilà prêtes à être dégustées. Le temps est compté : les bananes ont quarante-huit heures pour arriver chez le détaillant.

Il est 2 heures. Dans le centre commercial Evry 2, seuls veillent les employés de l'hypermarché Carrefour chargés de la réception des produits frais. Le camion chargé de bananes livre sa cargaison. D'un bout à l'autre du périple, la marchandise a été confiée à près de soixante-dix intervenants directs.

A l'hypermarché d'Evry, Georges Baron a payé 1,60 euro pour son kilo de bananes antillaises.

ANNEXE 4 (Extrait CMA CGM Refeer procedures)

Pre Trip Inspection (PTI) of the container
The PTI is a detailed inspection of the container and is meticulously carried out by our reefer experts to ensure that the container is:

- Clean
- There are no odours
- The system is in perfect condition

The correct way to stuff a bottom-air delivery container with chilled cargo

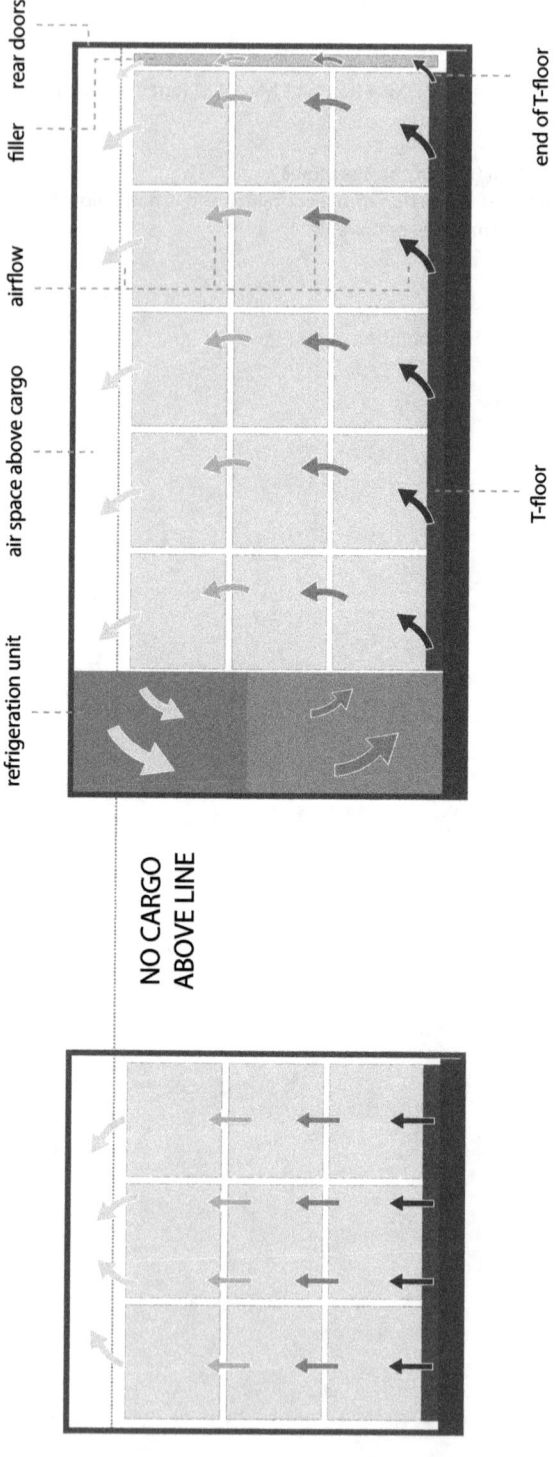

NB: In case of frozen cargo, avoid filler

Stocking cargo

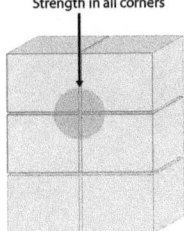

Correct block stowing

Do not stow cargo this way

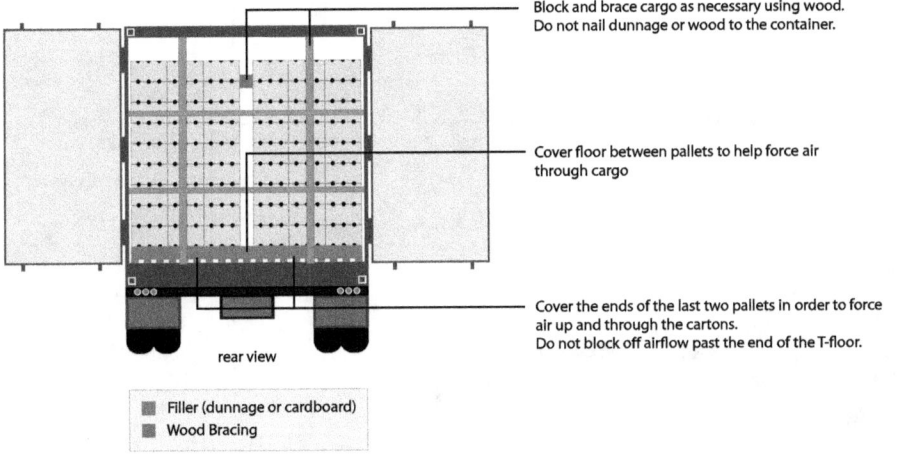

- Block and brace cargo as necessary using wood. Do not nail dunnage or wood to the container.
- Cover floor between pallets to help force air through cargo
- Cover the ends of the last two pallets in order to force air up and through the cartons. Do not block off airflow past the end of the T-floor.

rear view

- Filler (dunnage or cardboard)
- Wood Bracing

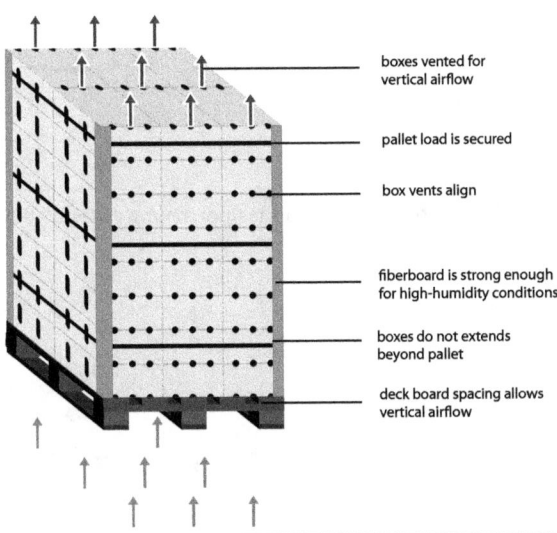

- boxes vented for vertical airflow
- pallet load is secured
- box vents align
- fiberboard is strong enough for high-humidity conditions
- boxes do not extends beyond pallet
- deck board spacing allows vertical airflow

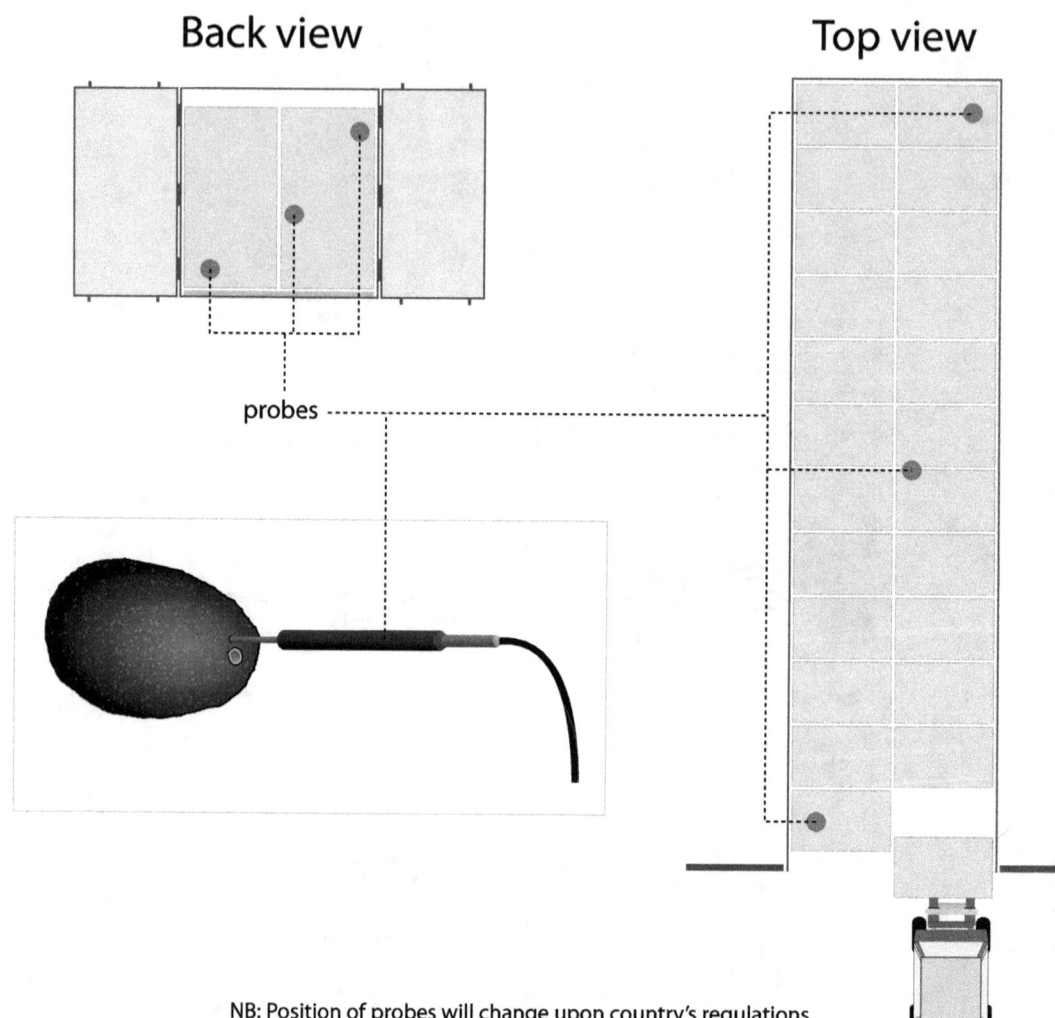

ANNEXE 8

Directive 93/43/CEE du Conseil, du 14 juin 1993, relative à l'hygiène des denrées alimentaires
Journal officiel n° L 175 du 19/07/1993 p. 0001 - 0011
Edition spéciale finnoise ...: Chapitre 13 Tome 24 p. 126
Edition spéciale suédoise ...: Chapitre 13 Tome 24 p. 126

Modifications:
Dérogé par 396L0003 (JO L 021 27.01.1996 p.42)
Dérogé par 398L0028 (JO L 140 12.05.1998 p.10)

Texte:
DIRECTIVE 93/43/CEE DU CONSEIL du 14 juin 1993 relative à l'hygiène des denrées alimentaires
LE CONSEIL DES COMMUNAUTÉS EUROPÉENNES,
vu le traité instituant la Communauté économique européenne, et notamment son article 100 A,
vu la proposition de la Commission,
en coopération avec le Parlement européen (1),
vu l'avis du Comité économique et social (2),
considérant que la libre circulation des denrées alimentaires est une condition préalable essentielle de l'achèvement du marché intérieur; que ce principe implique la confiance dans le niveau de sécurité des denrées alimentaires destinées à la consommation humaine mises en libre circulation, et en particulier dans leur niveau d'hygiène, à tous les stades de la préparation, de la transformation, de la fabrication, du conditionnement, du stockage, du transport, de la distribution, de la manutention et de la vente ou mise à disposition au consommateur;
considérant que la protection de la santé humaine constitue une préoccupation primordiale;
considérant que cette protection a déjà fait l'objet de la directive 89/397/CEE du Conseil, du 14 juin 1989, relative au contrôle officiel des denrées alimentaires (3), ainsi que de règles plus spécifiques dans ce domaine; que l'un des principaux objectifs de ces contrôles est l'hygiène des denrées alimentaires; que la directive 89/397/CEE est axée sur l'inspection, l'échantillonnage et l'analyse et qu'elle doit être complétée par des dispositions visant à améliorer le niveau d'hygiène des denrées alimentaires et à accroître la confiance dans le niveau d'hygiène des denrées alimentaires en libre circulation;
considérant que, afin de protéger la santé humaine, il importe d'harmoniser les règles générales d'hygiène des denrées alimentaires qui doivent être respectées lors de la préparation, de la transformation, de la fabrication, du conditionnement, du stockage, du transport, de la distribution, de la manutention et de la vente ou mise à la disposition du consommateur;
considérant que le recours à l'analyse des risques potentiels, à l'évaluation des risques et autres méthodes de gestion permettant d'identifier, de contrôler et de surveiller les points de contrôle critiques est un moyen reconnu;
considérant qu'il est possible d'adopter, pour certaines catégories de denrées alimentaires, des critères microbiologiques et des critères de contrôle de la température; que, s'ils sont

adoptés, ces critères doivent être conformes à des principes généraux specifiquement reconnus;

considérant qu'il convient que les États membres incitent et contribuent à l'élaboration de guides de bonnes pratiques d'hygiène à laquelle les entreprises du secteur alimentaire pourront se référer, fondés, le cas échéant, sur les codes d'usage internationaux recommandés en matière d'hygiène - principes généraux d'hygiène alimentaire du Codex Alimentarius (4);

considérant que, avec l'appui des États membres et d'autres parties concernées, la Commission doit oeuvrer pour l'élaboration de guides de bonnes pratiques d'hygiène visant, s'il y a lieu, l'ensemble de la Communauté, auxquels les entreprises du secteur alimentaire pourront se référer;

considérant toutefois que les exploitants d'une entreprise du secteur alimentaire sont responsables des conditions d'hygiène qui y règnent; que la directive n'impose pas, dès lors, le respect des guides de bonnes pratiques d'hygiène, qui n'ont pas force de loi;

considérant que, en vue de la mise en oeuvre des règles générales d'hygiène des denrées alimentaires et des guides de bonnes pratiques d'hygiène, il convient de recommander l'application des normes de la série EN 29000;

considérant que le respect des règles générales d'hygiène des denrées alimentaires doit être contrôlé en vertu de la directive 89/397/CEE par les autorités compétentes des États membres afin d'empêcher que des denrées alimentaires impropres à la consommation ou potentiellement dangereuses pour la santé humaine ne nuisent au consommateur;

considérant que les exploitants d'une entreprise du secteur alimentaire doivent s'assurer que seules des denrées alimentaires ne présentant pas de risque pour la santé sont mises sur le marché et qu'il convient de conférer aux autorités compétentes des pouvoirs appropriés pour protéger la santé publique; qu'il convient toutefois de garantir les droits légitimes des entreprises du secteur alimentaire;

considérant qu'il y a lieu de porter à la connaissance de la Commission l'identité des autorités compétentes qui, dans les États membres, sont responsables du contrôle officiel de l'hygiène des denrées alimentaires,

A ARRÊTÉ LA PRÉSENTE DIRECTIVE:

Article premier

1. La présente directive établit les règles générales d'hygiène des denrées alimentaires ainsi que les modalités de vérification du respect desdites règles.
2. La présente directive s'applique sans préjudice des dispositions arrêtées dans le cadre de règles communautaires plus spécifiques en matière d'hygiène des denrées alimentaires. Dans les trois ans à compter de l'adoption de la présente directive, la Commission examine les liens entre les règles communautaires spécifiques en matière d'hygiène des denrées alimentaires et celles de la présente directive; au besoin, elle présente des propositions.

Article 2

Aux fins de la présente directive, on entend par:

- «hygiène des denrées alimentaires», ci-après dénommée «hygiène»: toutes les mesures qui sont nécessaires pour garantir la sécurité et la salubrité des denrées alimentaires. Les mesures couvrent tous les stades qui suivent la production primaire (celle-ci comprenant, par exemple, la récolte, l'abattage et la traite) que ce soit pendant la préparation, la transformation, la fabrication, le conditionnement, le stockage, le transport, la distribution,

la manutention ou la vente ou la mise à la disposition du consommateur,
- «entreprise du secteur alimentaire»: toute entreprise, publique ou privée, qui exerce l'une ou la totalité des activités suivantes, lucratives ou non: préparation, transformation, fabrication, conditionnement, stockage, transport, distribution, manutention et vente ou mise à disposition de denrées alimentaires,
- «aliment conforme aux règles de salubrité»: un aliment propre à la consommation humaine sur le plan de l'hygiène.

Article 3
1. La préparation, la transformation, la fabrication, le conditionnement, le stockage, le transport, la distribution, la manutention et la vente ou la mise à disposition de denrées alimentaires sont effectués de manière hygiénique.
2. Les entreprises du secteur alimentaire identifient tout aspect de leurs activités qui est déterminant pour la sécurité des aliments et elles veillent à ce que des procédures de sécurité appropriées soient établies, mises en oeuvre, respectées et mises à jour en se fondant sur les principes suivants qui ont été utilisés pour développer le système HACCP (analyse des risques, points critiques pour leur maîtrise):
- analyser les risques alimentaires potentiels d'une opération menée dans le cadre des activités d'une entreprise du secteur alimentaire,
- mettre en évidence les niveaux et moments (les «points») de l'opération où des risques alimentaires peuvent se présenter,
- établir quels points parmi ceux qui ont été mis en évidence sont déterminants pour la sécurité alimentaire (les «points critiques»),
- définir et mettre en oeuvre des procédures de vérification et de suivi efficaces au niveau de ces points critiques
et
- revoir périodiquement, et à chaque modification de l'opération menée dans le cadre de l'entreprise du secteur alimentaire, l'analyse des risques alimentaires, les points de contrôle critiques ainsi que les procédures de vérification et de suivi.
3. Les entreprises du secteur alimentaire respectent les règles d'hygiène énoncées dans l'annexe. Des dérogations à certaines dispositions de l'annexe peuvent être accordées selon la procédure prévue à l'article 14.

Article 4
Sans préjudice de règles communautaires plus spécifiques, des critères microbiologiques et des critères de contrôle de la température de certaines catégories de denrées alimentaires peuvent être adoptés selon la procédure prévue à l'article 14 et après consultation du comité scientifique de l'alimentation humaine institué par la décision 74/234/CEE (5).

Article 5
1. Les États membres encouragent l'élaboration de guides de bonnes pratiques d'hygiène auxquels les entreprises du secteur alimentaire pourront volontairement se référer et qui pourront leur servir de guide pour le respect des dispositions de l'article 3.
2. S'il est procédé à la mise au point des guides de bonnes pratiques d'hygiène visés au paragraphe 1, ils seront élaborés:
- par les branches du secteur alimentaire et par des représentants d'autres parties concernées, telles que les autorités appropriées et les associations de consommateurs,

- après consultation des milieux dont les intérêts risquent d'être touchés de manière sensible, y compris les autorités compétentes,
- le cas échéant, en se référant aux codes d'usage internationaux recommandés en matière d'hygiène - Principes généraux d'hygiène alimentaire du Codex Alimentarius.

3. Les guides visés aux paragraphes 1 et 2 peuvent être élaborés sous l'égide d'un institut national de normalisation cité à la liste 2 de l'annexe de la directive 83/189/CEE du Conseil, du 28 mars 1983, prévoyant une procédure d'information dans le domaine des normes et réglementations techniques (6).

4. Les États membres évaluent les guides de bonnes pratiques d'hygiène visés aux paragraphes 1 et 2 en vue de déterminer dans quelle mesure il peut être présumé qu'ils satisfont aux dispositions de l'article 3.

5. Les États membres transmettent à la Commission les guides de bonnes pratiques d'hygiène dont ils présument qu'ils satisfont aux dispositions de l'article 3.
La Commission met ces guides à la disposition des États membres.

6. Si un État membre ou plusieurs, ou la Commission, estiment que, à des fins d'harmonisation, il peut se révéler nécessaire d'élaborer à l'échelle européenne les guides de bonnes pratiques d'hygiène, ci-après dénommés «guides européens de bonnes pratiques d'hygiène», la Commission consulte les États membres dans le cadre du comité permanent des denrées alimentaires, conformément à l'article 14. Cette consultation a pour but d'examiner l'opportunité de tels guides volontaires dans les domaines ou activités concernés et, si ces guides sont jugés nécessaires:
- d'indiquer la portée, la matière traitée et le caldenrier envisagé pour la réalisation de tels guides volontaires, compte tenu des délais nécessaires qu'implique la consultation des milieux dont les intérêts sont touchés de manière sensible
et
- de faire effectuer la mise au point et/ou l'évaluation desdits guides volontaires sous l'égide d'un institut européen de normalisation.

7. Lors de la mise au point des guides européens de bonnes pratiques d'hygiène visés au paragraphe 6, toutes les mesures nécessaires sont prises pour que:
- ces guides soient élaborés par des représentants des branches du secteur alimentaire et des représentants d'autres parties dont les intérêts sont touchés de manière sensible, tels que, par exemple, les autorités compétentes et les associations de consommateurs,
- le contenu de ces guides soit conforme aux dispositions de l'article 3 et, le cas échéant, tienne compte des codes d'usage internationaux recommandés en matière d'hygiène - Principes généraux d'hygiène alimentaire du Codex Alimentarius,
- par leur contenu, ces guides puissent être utilisables dans la pratique pour les branches du secteur alimentaire concernées, et ce à l'échelle de la Communauté,
- les guides pertinents de bonnes pratiques d'hygiène élaborés conformément aux paragraphes 1 à 3 soient pris en considération,
- toutes les parties dont les intérêts sont touchés de manière sensible par ces guides, y compris les États membres, soient consultées et que leurs observations soient prises en considération.

8. Les titres et références des guides européens de bonnes pratiques d'hygiène mis au point selon la procédure décrite aux paragraphes 6 et 7 sont publiés dans la série «C» du Journal officiel des Communautés européennes. Les États membres veillent à attirer l'attention des branches concernées du secteur alimentaire et celle des autorités appropriées sur leur territoire sur la publication desdits guides.

Article 6
Les États membres recommandent, s'ils l'estiment approprié, aux entreprises du secteur alimentaire d'appliquer les normes européennes de la série EN 29000 afin de mettre en oeuvre les règles générales d'hygiène et les guides de bonnes pratiques d'hygiène.

Article 7
1. Les États membres peuvent, dans le respect du traité, maintenir, modifier ou introduire des dispositions nationales en matière d'hygiène plus spécifiques que celles prévues par la présente directive, à condition que ces dispositions:
- ne soient pas moins sévères que celles figurant à l'annexe,
- ne constituent pas une restriction, une entrave ou barrière aux échanges des denrées alimentaires produites conformément à la présente directive.
2. Dans l'attente de l'établissement de dispositions détaillées conformément à l'article 4, les États membres peuvent maintenir, modifier ou introduire des dispositions nationales pertinentes dans le respect du traité.
3. Dans les cas prévus aux paragraphes 1 et 2 où un État membre estime nécessaire d'arrêter une nouvelle législation ou de modifier la législation existante, il communique à la Commission et aux autres États membres les mesures envisagées en précisant les motifs qui les justifient. La Commission consulte les États membres au sein du comité permanent des denrées alimentaires institué par la décision 69/414/CEE (7), lorsqu'elle juge cette consultation utile ou lorsqu'un État membre en fait la demande.
L'État membre ne peut prendre les mesures envisagées que trois mois après cette communication et à condition de ne pas avoir reçu un avis contraire de la Commission.
Dans ce dernier cas et avant la fin du délai visé au deuxième alinéa, la Commission engage la procédure prévue à l'article 14 afin d'établir si les mesures envisagées peuvent être mises en application, le cas échéant, moyennant des modifications appropriées.

Article 8
1. Les autorités compétentes procèdent à des contrôles conformément à la directive 89/397/CEE en vue d'assurer que les entreprises du secteur alimentaire respectent les dispositions de l'article 3 de la présente directive et, le cas échéant, toute disposition établie conformément à l'article 4 de la présente directive. Ce faisant, elles prennent dûment en considération les guides de bonnes pratiques d'hygiène visés à l'article 5 de la présente directive, dans la mesure où de tels guides ont été établis.
2. Les inspections effectuées par les autorités compétentes comportent une évaluation générale des risques potentiels en matière de sécurité alimentaire liés à l'exercice des activités de l'entreprise. Les autorités compétentes attachent une attention particulière aux points de contrôle critiques mis en évidence par les entreprises du secteur alimentaire afin de déterminer si les opérations de surveillance et de vérification sont effectuées comme il se doit.
Les États membres veillent à ce que tous les locaux utilisés à des fins alimentaires soient inspectés à des intervalles en rapport avec les risques associés auxdits locaux.
3. Les autorités compétentes assurent que les contrôles sur les denrées alimentaires importées dans la Communauté sont effectués en conformité avec la directive 89/397/CEE pour garantir le respect des dispositions pertinentes de l'article 3 de la présente directive et, le cas échéant, de toute disposition établie conformément à l'article 4 de la présente

directive.

Article 9
1. Si, lors des contrôles visés à l'article 8, les autorités compétentes constatent que le non-respect des dispositions de l'article 3 ou, le cas échéant, de toute disposition établie conformément à l'article 4, est susceptible de compromettre la sécurité ou la salubrité des denrées alimentaires, elles prennent les mesures adéquates, qui peuvent, par exemple, inclure le retrait et/ou la destruction de la denrée alimentaire ou la fermeture de tout ou partie de l'entreprise pour une période appropriée.
En vue de déterminer le risque pour la sécurité ou la salubrité des denrées alimentaires, il doit être tenu compte de la nature de la denrée alimentaire, de la manière dont elle est manipulée et conditionnée et de toute autre opération à laquelle cette denrée alimentaire est soumise avant sa livraison au consommateur, ainsi que des conditions dans lesquelles elle est exposée et/ou stockée.
2. Les États membres prennent les mesures nécessaires pour assurer que toute personne physique ou morale concernée par le contrôle a un droit de recours contre les mesures prises par l'autorité compétente à la suite du contrôle.

Article 10
1. Si un problème d'hygiène susceptible de constituer un risque grave pour la santé humaine apparaît ou s'étend sur le territoire d'un pays tiers, la Commission, de sa propre initiative ou sur demande d'un État membre, prend sans délai, en fonction de la gravité de la situation, les mesures suivantes:
- suspension des importations en provenance de tout ou partie du pays tiers concerné et, le cas échéant, du pays tiers de transit
et/ou
- fixation de conditions particulières pour les denrées alimentaires provenant de tout ou partie du pays tiers concerné.
2. La Commission peut, dans le cas prévu au paragraphe 1, prendre des mesures conservatoires temporaires à l'égard des denrées alimentaires concernées.
3. La Commission consulte, sauf dans des cas d'urgence, les États membres avant de prendre les mesures visées aux paragraphes 1 et 2.
4. La Commission communique sans délai au Conseil et aux États membres toute décision prise conformément aux paragraphes 1 et 2.
Tout État membre peut, dans un délai de trente jours à compter de la communication visée au premier alinéa, déférer au Conseil la décision de la Commission. Le Conseil, statuant à la majorité qualifiée, peut confirmer, modifier ou abroger la décision de la Commission. Si le Conseil n'a pas pris de décision dans un délai de trente jours, la décision de la Commission est réputée abrogée.
5. Dans le cas où un État membre informe officiellement la Commission de la nécessité de prendre des mesures de sauvegarde et lorsque cette dernière n'a pas eu recours aux dispositions des paragraphes 1 et 2, il peut prendre des mesures conservatoires temporaires à l'égard des importations de denrées alimentaires.
Lorsqu'un État membre prend des mesures conservatoires temporaires, il en informe les autres États membres et la Commission.
Dans un délai de dix jours ouvrables, la Commission saisit le comité permanent des denrées alimentaires de cette question, conformément à la procédure prévue à l'article 14, en vue de

la prolongation, de la modification ou de l'abrogation des mesures conservatoires temporaires nationales.

Article 11
1. Lorsqu'un État membre, à la suite de nouvelles informations ou d'une réévaluation des informations existantes, a des raisons fondées de soupçonner que l'application des dispositions établies conformément à l'article 4 constitue un risque sanitaire, il peut suspendre ou restreindre temporairement l'application des dispositions en question sur son territoire. Il en informe sans délai les autres États membres et la Commission et motive sa décision.
2. La Commission examine dans les meilleurs délais les motifs de l'État membre visé au paragraphe 1 dans le cadre du comité permanent des denrées alimentaires, émet un avis et prend les mesures qui s'imposent selon la procédure prévue à l'article 14.

Article 12
Les États membres désignent les autorités compétentes responsables du contrôle officiel de l'hygiène et les notifient à la Commission.

Article 13
Conformément à la procédure prévue à l'article 14, des modifications aux références aux normes internationales, telles que celles du Codex Alimentarius, contenues dans la présente directive peuvent être adoptées.

Article 14
La Commission est assistée par le comité permanent des denrées alimentaires, ci-après dénommé «comité».
Le représentant de la Commission soumet au comité un projet des mesures à prendre. Le comité émet son avis sur ce projet dans un délai que le président peut fixer en fonction de l'urgence de la question en cause. L'avis est émis à la majorité prévue l'article 148 paragraphe 2 du traité pour l'adoption des décisions que le Conseil est appelé à prendre sur proposition de la Commission. Lors des votes au sein du comité, les voix des représentants des États membres sont affectées de la pondération définie à l'article précité. Le président ne prend pas part au vote.
La Commission arrête les mesures envisagées lorsqu'elles sont conformes à l'avis du comité. Lorsque les mesures envisagées ne sont pas conformes à l'avis du comité, ou en l'absence d'avis, la Commission soumet sans tarder au Conseil une proposition relative aux mesures à prendre. Le Conseil statue à la majorité qualifiée.
Si, à l'expiration d'un délai de trois mois à compter de la saisine du Conseil, celui-ci n'a pas statué, les mesures proposées sont arrêtées par la Commission, sauf dans le cas où le Conseil s'est prononcé à la majorité simple contre lesdites mesures.

Article 15
La Commission, au plus tard le 31 décembre 1998, soumet au Parlement européen et au Conseil un rapport, accompagné de toute proposition appropriée, sur l'expérience acquise à la suite de l'application de la présente directive.

Article 16

Les États membres mettent en vigueur les dispositions législatives, réglementaires et administratives nécessaires pour se conformer à la présente directive au plus tard trente mois après son adoption. Ils en informent immédiatement la Commission.
Lorsque les États membres adoptent ces dispositions, celles-ci contiennent une référence à la présente directive ou sont accompagnées d'une telle référence lors de leur publication officielle. Les modalités de cette référence sont arrêtées par les États membres.
Les États membres communiquent à la Commission le texte des dispositions essentielles de droit interne qu'ils adoptent dans le domaine régi par la présente directive.

Article 17
Les États membres sont destinataires de la présente directive.
Fait à Luxembourg, le 14 juin 1993.
Par le Conseil
Le président
J. TROEJBORG

(1) JO no C 174 du 23. 11. 1992. JO no C 150 du 31. 5. 1993.(2) JO no C 223 du 31. 8. 1992, p. 16.(3) JO no L 186 du 30. 6. 1989, p. 23.(4) Codex Alimentarius, volume A. Codes d'usage internationaux recommandés en matière d'hygiène. Principes généraux d'hygiène alimentaire. Seconde révision (1985). Organisation des Nations unies pour l'alimentation et l'agriculture, Rome, 1988.(5) JO no L 136 du 20. 5. 1974, p. 1.(6) JO no L 109 du 26. 4. 1983, p. 8. Directive modifiée en dernier lieu par la décision 92/400/CEE (JO no L 221 du 6. 8. 1992, p. 55).(7) JO no L 291 du 19. 11. 1969, p. 9.

ANNEXE
Préface 1. Les chapitres V à X de la présente annexe s'appliquent à toutes les étapes suivant la production primaire, pendant la préparation, la transformation, la fabrication, le conditionnement, le stockage, le transport, la distribution, la manutention et la vente ou la mise à la disposition du consommateur.
Les autres chapitres de l'annexe s'appliquent:
- le chapitre I, à tous les locaux, à l'exception de ceux qui sont couverts par le chapitre III,
- le chapitre II, à tous les locaux où les denrées alimentaires sont préparées, traitées ou transformées, à l'exception de ceux qui sont couverts par le chapitre III, et à l'exclusion des salles à manger,
- le chapitre III, à tous les locaux énumérés dans l'intitulé du chapitre,
- le chapitre IV, à tous les moyens de transport.
2. Les mots «le cas échéant» et «au besoin» utilisés dans la présente annexe signifient «aux fins de la sécurité et de la salubrité des denrées alimentaires».
I Prescriptions générales pour les locaux (autres que celles qui sont énoncées au chapitre III)
1. Les locaux par lesquels circulent les denrées alimentaires doivent être propres et en bon état d'entretien.
2. Par leur agencement, leur conception, leur construction et leurs dimensions, les locaux par lesquels circulent les denrées alimentaires doivent:
a) pouvoir être nettoyés et/ou désinfectés de manière convenable;
b) permettre de prévenir l'encrassement, le contact avec des matériaux toxiques, le déversement de particules dans les denrées alimentaires et la formation de condensation et de moisissure indésirable sur les surfaces;

c) permettre la mise en oeuvre de bonnes pratiques d'hygiène, et notamment prévenir la contamination croisée entre et durant les opérations par les denrées alimentaires, les équipements, les matériaux, l'eau, l'aération et le personnel et les sources de contamination extérieures telles les insectes et autres animaux nuisibles;
d) offrir, au besoin, des conditions de température permettant une transformation et un stockage hygiénique des produits.
3. Un nombre suffisant de lavabos judicieusement situés et signalisés, destinés au lavage des mains doit être disponible. Des toilettes en nombre suffisant, équipées d'une chasse d'eau et raccordées à un système d'évacuation efficace doivent être disponibles. Les toilettes ne doivent pas donner directement sur des locaux utilisés pour la manutention des denrées alimentaires.
4. Les lavabos destinés au lavage des mains doivent être équipés d'eau courante, chaude et froide, ainsi que de dispositifs pour le lavage et le séchage hygiénique des mains. Le cas échéant, les dispositifs de lavage des denrées alimentaires doivent être séparés de ceux destinés au lavage des mains.
5. Il doit y avoir une ventilation adéquate et suffisante, qu'elle soit naturelle ou mécanique. Il importe d'éviter tout flux d'air pulsé d'une zone contaminée vers une zone propre. Les systèmes de ventilation doivent être conçus de manière à permettre d'accéder aisément aux filtres et aux autres pièces devant être nettoyées ou remplacées.
6. Toutes les installations sanitaires se trouvant dans des locaux par lesquels circulent les denrées alimentaires doivent être équipées d'une ventilation adéquate, naturelle ou mécanique.
7. Les locaux par lesquels circulent les denrées alimentaires doivent avoir un éclairage naturel et/ou artificiel suffisant.
8. Les systèmes d'évacuation des eaux usées et des eaux sanitaires doivent être suffisants pour faire face aux exigences; ils doivent être conçus et construits de manière à éviter tout risque de contamination des denrées alimentaires.
9. Au besoin, des vestiaires adéquats pour le personnel doivent être prévus en suffisance.
II Prescriptions spécifiques pour les locaux où les denrées alimentaires sont préparées, traitées ou transformées (à l'exlusion des salles à manger et des locaux précisés au chapitre III) 1. Dans les locaux où les denrées alimentaires sont préparées, traitées ou transformées (à l'exclusion des salles à manger):
a) les revêtements de sol doivent être bien entretenus, faciles à nettoyer et, au besoin, à désinfecter. Cela exige l'utilisation de matériaux étanches, non absorbants, lavables et non toxiques, sauf si les exploitants du secteur alimentaire peuvent prouver à l'autorité compétente que d'autres matériaux utilisés conviennent. Le cas échéant, les sols doivent permettre une évacuation adéquate en surface;
b) les surfaces murales doivent être bien entretenues, faciles à laver et, au besoin, à désinfecter. Cela exige l'utilisation de matériaux étanches, non absorbants, lavables et non toxiques et une surface lisse jusqu'à une hauteur convenable pour les opérations, sauf si les exploitants du secteur alimentaire peuvent prouver à l'autorité compétente que d'autres matériaux utilisés conviennent;
c) les plafonds, faux-plafonds et autres équipements suspendus doivent être conçus, construits et ouvrés de manière à empêcher l'encrassement et à réduire la condensation, l'apparition de moisissures indésirables et le déversement de particules;
d) les fenêtres et autres ouvertures doivent être conçues de manière à prévenir l'encrassement. Celles qui peuvent donner sur l'environnement extérieur doivent, au besoin,

être équipées d'écrans de protection contre les insectes, qui doivent pouvoir être facilement enlevés pour le nettoyage. Lorsque l'ouverture des fenêtres entraînerait une contamination des denrées alimentaires, les fenêtres doivent rester fermées et verrouillées pendant la production;
e) les portes doivent être faciles à nettoyer et, au besoin, à désinfecter. Cela exige l'utilisation de surfaces lisses et non absorbantes, sauf si les exploitants du secteur alimentaire peuvent prouver à l'autorité compétente que d'autres matériaux utilisés conviennent;
f) les surfaces (y compris les surfaces des équipements) en contact avec les aliments doivent être bien entretenues, faciles à nettoyer et, au besoin, à désinfecter. Cela exige l'utilisation de matériaux lisses, lavables et non toxiques, sauf si les exploitants du secteur alimentaire peuvent prouver à l'autorité compétente que d'autres matériaux utilisés conviennent.
2. Au besoin, on prévoira des dispositifs adéquats en vue du nettoyage et de la désinfection des outils et équipements de travail. Ces dispositifs doivent être fabriqués dans des matériaux résistant à la corrosion, être faciles à nettoyer et disposer d'une alimentation adéquate en eau chaude et froide.
3. Le cas échéant, on prendra des dispositions adéquates en vue du lavage des denrées alimentaires. Tout évier ou dispositif semblable de lavage des aliments doit disposer d'une alimentation adéquate en eau potable, chaude et/ou froide selon les besoins, et doivent être nettoyés régulièrement.
III Prescriptions applicables aux sites mobiles et/ou provisoires (tels que tentes-marquises, étals, points de vente automobiles), aux locaux utilisés principalement comme maison d'habitation, aux locaux utilisés occasionnellement à des fins de restauration, ainsi qu'aux distributeurs automatiques 1. Les sites ainsi que les distributeurs automatiques sont installés, conçus, construits, nettoyés et entretenus de manière à éviter, autant que faire se peut, la contamination des denrées alimentaires et la présence d'insectes et autres animaux nuisibles.
2. Plus particulièrement, là où cela s'avère nécessaire:
a) des installations appropriées seront prévues pour assurer un niveau d'hygiène personnelle adéquat (elles comprendront, entre autres, des installations permettant de se laver et de se sécher les mains dans des conditions d'hygiène, des installations sanitaires hygiéniques et des vestiaires);
b) les surfaces en contact avec les aliments doivent être bien entretenues, faciles à nettoyer et, au besoin, à désinfecter. Cela exige l'utilisation de matériaux lisses, lavables et non toxiques, sauf si les exploitants du secteur alimentaire peuvent prouver à l'autorité compétente que d'autres matériaux utilisés conviennent;
c) des moyens adéquats pour le nettoyage et, au besoin, la désinfection des outils et équipements de travail doivent être prévus;
d) des moyens adéquats doivent être prévus pour maintenir la propreté des denrées alimentaires;
e) de l'eau potable, chaude et/ou froide, doit être prévue en quantité suffisante;
f) des dispositions et/ou installations adéquates doivent être prévues pour stocker et éliminer, dans des conditions d'hygiène, les substances et déchets dangereux et/ou non comestibles, qu'ils soient solides ou liquides;
g) des installations et/ou dispositifs adéquats doivent être prévus pour maintenir les denrées alimentaires dans des conditions de température adéquates et pour contrôler celles-ci;
h) les denrées alimentaires doivent être placées à des endroits et dans des conditions

permettant d'éviter, autant que faire se peut, les risques de contamination.

IV Transport 1. Les réceptacles de véhicules et/ou conteneurs servant au transport des denrées alimentaires doivent être propres et en bon état d'entretien de manière à protéger les denrées alimentaires contre toute contamination et ils doivent, au besoin, être conçus et construits de manière à pouvoir être convenablement nettoyés et/ou désinfectés.

2. Ces réceptacles de véhicules et/ou conteneurs doivent servir exclusivement au transport de denrées alimentaires si celles-ci peuvent être contaminées en cas de chargements d'autre nature.

Les denrées alimentaires en vrac à l'état liquide, granulaire ou poudreux doivent être transportées dans des réceptacles et/ou conteneurs/citernes réservés au transport de denrées alimentaires. Sur les conteneurs doit figurer une mention clairement visible et indélébile, dans une ou plusieurs langues de la Communauté, relative à leur utilisation pour le transport de denrées alimentaires, ou la mention «Uniquement pour denrées alimentaires».

3. Lorsque des réceptacles de véhicules et/ou conteneurs sont utilisés pour transporter d'autres produits en plus des denrées alimentaires ou pour transporter différentes denrées alimentaires, en même temps, les produits doivent être bien séparés lorsque cela s'avère nécessaire pour prévenir le risque de contamination.

4. Lorsque des réceptacles de véhicules et/ou conteneurs ont été utilisés pour transporter des produits autres que des denrées alimentaires ou pour transporter des denrées alimentaires différentes, un nettoyage efficace doit être effectué entre deux chargements pour éviter le risque de contamination.

5. Les denrées alimentaires chargées dans des réceptacles de véhicules et/ou conteneurs doivent être placées et protégées de manière à réduire au maximum les risques de contamination.

6. Au besoin, les réceptables de véhicules et/ou conteneurs servant au transport de denrées alimentaires doivent pouvoir maintenir celles-ci à des températures appropriées et, si la situation l'exige, être conçus de manière à contrôler les niveaux desdites températures.

V Exigences applicables aux équipements Tous les articles, installations et équipements avec lesquels les denrées alimentaires entrent en contact doivent être propres et:

a) doivent être construits, réalisés et entretenus de manière à réduire au maximum les risques de contamination des denrées alimentaires;

b) à l'exception des conteneurs et emballages perdus, doivent être construits, réalisés et entretenus de manière à permettre un nettoyage approfondi et, au besoin, une désinfection, qui soient suffisants compte tenu des fins auxquelles ils sont destinés;

c) doivent être installés de manière à permettre un nettoyage convenable de la zone environnante.

VI Déchets alimentaires 1. Les déchets alimentaires et autres ne doivent pas pouvoir être entassés dans un local par lequel circulent des denrées alimentaires, sauf lorsque le bon fonctionnement de l'exploitation l'exige.

2. Les déchets alimentaires et autres doivent être déposés dans des conteneurs dotés d'une fermeture, sauf si les exploitants du secteur alimentaire peuvent prouver à l'autorité compétente que d'autres types de conteneurs utilisés conviennent. Ceux-ci doivent être conçus de manière adéquate, bien entretenus et, au besoin, faciles à nettoyer et à désinfecter.

3. Des dispositions appropriées doivent être prises pour l'élimination et le stockage des déchets alimentaires et autres. Les aires de stockage des déchets doivent être conçues et

gérées de manière à pouvoir être propres en permanence et à prévenir l'accès des insectes et autres animaux nuisibles et la contamination des denrées alimentaires, de l'eau potable, des équipements et des locaux.

VII Alimentation en eau 1. L'alimentation en eau potable doit être suffisante, ainsi que le prévoit la directive 80/778/CEE du Conseil, du 15 juillet 1980, relative à la qualité des eaux destinées à la consommation humaine (1). Cette eau potable doit être utilisée si cela s'avère nécessaire pour éviter la contamination des denrées alimentaires.

2. Lorsque de la glace est nécessaire, elle doit être fabriquée à partir d'une eau conforme aux spécifications visées à la directive 80/778/CEE. Cette glace doit être utilisée chaque fois que cela s'avère nécessaire pour éviter la contamination des denrées alimentaires. Elle doit être fabriquée, manipulée et stockée dans des conditions prévenant toute contamination.

3. La vapeur utilisée directement en contact avec les denrées alimentaires ne doit contenir aucune substance présentant un danger pour la santé ou susceptible de contaminer le produit.

4. L'eau non potable utilisée pour la production de vapeur, la réfrigération, la lutte contre l'incendie et à d'autres fins semblables sans rapport avec les denrées alimentaires doit circuler dans des réseaux séparés, facilement identifiables et sans raccordement avec les systèmes d'eau potable ou possibilité de reflux dans ces systèmes.

VIII Hygiène personnelle 1. Toute personne travaillant dans une zone de manutention de denrées alimentaires doit respecter un niveau élevé de propreté personnelle et, le cas échéant, porter des vêtements de protection propres et adaptés.

2. Aucune personne dont on sait ou dont on soupçonne qu'elle souffre d'une maladie susceptible d'être transmise par les aliments ou souffrant, par exemple, de plaies infectées, d'infections ou lésions cutanées ou de diarrhée ne doit être autorisée à travailler dans une zone de manutention de denrées alimentaires, à quelque titre que ce soit, lorsqu'il existe un risque de contamination directe ou indirecte des aliments par des micro-organismes pathogènes.

IX Dispositions applicables aux denrées alimentaires 1. Les entreprises du secteur alimentaire ne doivent accepter aucun ingrédient ou matière première dont on sait ou dont on a tout lieu de supposer qu'ils sont contaminés par des parasites, des micro-organismes pathogènes ou par des substances toxiques, décomposées ou étrangères, de manière telle que, après le triage et/ou les procédures de préparation ou de transformation hygiéniquement appliquées par les entreprises, ils resteraient impropres à la consommation humaine.

2. Les matières premières et les ingrédients stockés dans l'établissement doivent être conservés dans des conditions adéquates permettant d'éviter toute détérioration néfaste et de les protéger contre toute contamination.

3. Toutes les denrées alimentaires qui sont manipulées, stockées, emballées, exposées et transportées sont protégées contre toute contamination susceptible de les rendre impropres à la consommation humaine, dangereuses pour la santé ou contaminées de manière telle qu'elles ne pourraient être raisonnablement considérées comme pouvant être consommées en l'état. En particulier, les denrées alimentaires doivent être disposées et/ou protégées de manière à réduire au maximum les risques de contamination. Des méthodes adéquates doivent être mises au point pour lutter contre les insectes et autres animaux nuisibles.

4. Les matières premières, les ingrédients, les produits semi-finis et les produits finis susceptibles d'encourager le développement de micro-organismes pathogènes ou la formation de toxines doivent être conservés à des températures qui n'entraînent pas de

risque pour la santé. Pour autant que la sécurité alimentaire soit assurée, il est admis de les soustraire à ces températures pour des périodes de courte durée lorsque cela s'avère nécessaire pour des questions pratiques de manutention lors de l'élaboration, du transport, du stockage, de l'exposition et du service des aliments.

5. Lorsque les denrées alimentaires doivent être conservées ou servies à basse température, elles doivent être réfrigérées dès que possible après le dernier stade de traitement thermique ou, en l'absence de traitement thermique, après le dernier stade de l'élaboration, à une température qui n'entraîne pas de risques pour la santé.

6. Les substances dangereuses et/ou non comestibles, y compris les aliments pour animaux, doivent faire l'objet d'un étiquetage approprié et être stockées dans des conteneurs sûrs et séparés.

X Formation Les exploitants d'entreprises du secteur alimentaire s'assurent que les manutentionnaires de denrées alimentaires sont encadrés et/ou disposent d'une formation en matière d'hygiène alimentaire en fonction de leur activité professionnelle.

(1) JO no L 229 du 30. 8. 1980, p. 11. Directive modifiée en dernier lieu par la directive 91/692/CEE (JO no L 377 du 31. 12. 1991, p. 48).

www.ingramcontent.com/pod-product-compliance
Lightning Source LLC
Chambersburg PA
CBHW050242220526
45465CB00002B/517